高职高专物流管理类“十三五”规划教材

配送中心运营与管理

(第二版)

主　编　汪　晔　胡大成

副主编　张姗姗　刘玉梅

何章磊　谢妍捷

西安电子科技大学出版社

内 容 简 介

全书内容共分为八个项目：配送中心认知、备货及保管作业、订单处理作业、分拣与补货作业、配送加工作业、配装与送货作业、退货作业、配送中心规划与设计。

本书理论联系实际，侧重配送中心运营的实际业务和操作技能的介绍；注重图、表、文的有机结合；体例新颖，精心安排了学习目标、实训实践、案例分析、思考题等多个板块。

本书可作为高等职业院校物流专业的教材和重要参考书，也可作为连锁企业、分销企业等物流企业配送人员的培训教材和业务手册。

图书在版编目(CIP)数据

配送中心运营与管理/汪晔，胡大成主编. —2 版. —西安：西安电子科技大学出版社，2017.4

ISBN 978-7-5606-4446-2

Ⅰ. ① 配…　Ⅱ. ① 汪…　② 胡…　Ⅲ. ① 物流配送中心—运营管理　Ⅳ. ① F252.24

中国版本图书馆 CIP 数据核字(2017)第 068817 号

策　　划　戚文艳

责任编辑　职会亮　马武装

出版发行　西安电子科技大学出版社(西安市太白南路 2 号)

电　　话　(029)88242885　88201467　　邮　　编　710071

网　　址　www.xduph.com　　电子邮箱　xdupfxb001@163.com

经　　销　新华书店

印刷单位　西安利达印务有限责任公司

版　　次　2017 年 5 月第 2 版　　2017 年 5 月第 2 次印刷

开　　本　787 毫米×1092 毫米　1/16　印　张　9.5

字　　数　219 千字

印　　数　3001～6000 册

定　　价　17.00 元

ISBN 978-7-5606-4446 - 2/F

XDUP　4738002-2

前　言

随着时代的发展，中国的物流发展越来越迅速，配送的地位也日渐提高。近年来，随着国内外配送的发展，配送管理的理论教学、实训和人才培养面临着全新的挑战，理论和方法正在快速更新。本次修订始终本着“实用、管用、够用”的原则，在尽量保持第一版教材的原版特色及组织结构和内容体系不变的前提下，针对案例和教学资料的时效性对相应的内容进行了更新和充实。本次修订的主要内容有：

第一，对第一版中有关排版、编辑、内容等方面存在的纰漏和差错进行订正，力求做到概念准确、表述正确、数字精确。

第二，对有关章节的导入案例和综合案例的背景资料与思考问题进行更新，力求达到资料翻新、个案全新、思考创新。

第三，对有关章节的内容和顺序进行调整、充实、更改甚至重写，力求达到强调实践、强劲实用、强化实操。

第四，对各个章节的“实训实践”进行适当调整，力求提高训练的实操能力。

作为一门形式多样、内容综合和快速成长的课程，“配送中心运营与管理”是物流管理专业的一门核心课程。配送中心管理中的“教”与“学”在需要与时俱进的同时，也更加强调配送内容的实践操作和实战应用，更加注重物流系统思维观念和实战技能的训练。

本书由汪晔、胡大成担任主编，张姗姗、刘玉梅、何章磊、谢妍捷担任副主编。其中项目三、五、六由安徽商贸职业技术学院谢妍捷老师编写；项目一、八由淮北职业技术学院胡大成老师编写；项目二、七由安徽财贸职业学院刘玉梅老师编写；项目四由合肥经济技术职业学院张姗姗老师与安徽工业经济职业技术学院何章磊老师编写。全书由安徽商贸职业技术学院汪晔老师负责统稿。

在本书编写过程中，我们参阅了国内多位专家、学者的配送管理相关著作或译著，也参考了同行的相关教材和网络案例资料，在此对这些专家、学者以及教材、资料的原作者表示崇高的敬意和衷心的感谢！由于作者的水平有限，书中疏漏和不妥之处在所难免，恳请专家、同行和读者批评指正。

编　者

2016 年 12 月

第一版前言

现代化的物流配送可以使企业实现经营管理活动的标准化、集中化、专业化和简单化，并能促进生产，降低成本，能够以最少环节、最短距离、最低费用为企业实现最大经济效益。物流配送的核心节点是配送中心，它决定了企业物流配送的水平与效率，特别是对优化城市、区域范围的物流系统起着很重要的作用。

本书定位于高职、高专物流专业。针对高职、高专类学生的特点，在借鉴国内外物流配送管理相关书籍已有成果的基础上，本书设置了不少实训任务，将抽象的理论任务化，以提高直观性。在案例分析方面，注重导入案例与教学内容的贴合性，确保案例与教学内容的匹配。本书还设有复习思考题，有利于培养学生独立思考、独立解决实际问题的动手能力，使学生的知识结构紧密适应经济与社会发展的需要。本书除可作为高职、高专物流专业的教材之外，也可供相关工作人员学习使用。

本书在策划过程中，对国内外知名配送中心的工作流程及配送中心的岗位设置进行了调研，力求模拟企业的工作环境，将理论和实践真正结合起来，实现与实际工作的零距离接触。

本书注重理论联系实际，侧重配送中心运营的实际业务和操作技能；注重图、表、文的有机结合；案例新颖，精心安排了本章小结、关键概念、练习思考、实训实践、案例分析等多个板块。

本书由汪晔、胡大成担任主编，张姗姗、何章磊、刘玉梅、谢妍捷担任副主编。其中第三、五、六章由安徽商贸职业技术学院谢妍捷老师编写；第一、八章由淮北职业技术学院胡大成老师编写；第二、七章由安徽财贸职业学院刘玉梅老师编写；第四章由合肥经济技术职业学院张姗姗老师与安徽工业经济职业技术学院何章磊老师编写。全书由安徽商贸职业技术学院汪晔老师负责统稿。

本书在编写过程中参考了大量国内外有关资料，由于篇幅所限，只列出了主要参考文献，在此向这些作者表示衷心感谢。

由于作者水平有限，对供应链管理这一领域涉及的知识和内容研究还不够深入，加上时间仓促，书中难免有不妥之处，敬请各位专家和读者予以指正。

编　者

2013 年 5 月

目　　录

项目一　配送中心认知

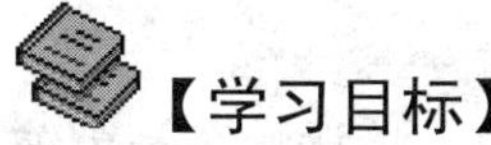

【学习目标】

1. 熟悉配送中心的概念，掌握配送中心的含义
2. 掌握配送中心的特征
3. 掌握配送中心的地位
4. 掌握配送中心的功能
5. 了解配送中心的分类
6. 了解配送中心的组织结构

零售业的多店铺化、连锁化以及多业态化(如百货商场、超级市场、专卖店等)，对物流作业的效率提出了更高的要求。原来相互分割、缺乏协作的仓储、运输、批发等传统物流企业已难以适应现代物流业的发展要求，专业性的物流配送经营实体——物流配送中心应运而生。

任务一　配送与配送中心的基本概念

1.1.1　配送的概念

配送是物流活动中特殊的综合性活动形式，是商流与物流的紧密结合，它包含了所有的物流功能，是物流的一个缩影或是某小范围中全部物流活动的体现，是物品在时间和空间中的静态形式与动态形式的有机组合。配送作为供应链的末端环节和市场营销的辅助手段，日益受到重视。

在国家质量技术监督局发布的中华人民共和国国家标准《物流术语》(GB/T 18354—2001)中对配送的定义是：在经济合理区域范围内，根据用户的要求，对物品进行拣选、加工、包装、分割、组配等作业，并按时送达指定地点的物流活动。一般来说，配送一定是根据用户的要求，在物流据点内进行分拣、配货等工作，并将配好的货物适时地送交收货人的过程。它是物流中一种特殊的、综合的活动形式。配送将商流与物流紧密结合起来，既包含了商流活动，也包含了物流活动中若干功能要素。

目前我国使用的“配送”这个词汇，源自日语汉字中和配送意义相近的词汇，如“交货”、“运送”、“分送”、“投送”、“输送”、“供应”、“供给”、“发放”等，但是这些词汇的含义都不够全面和准确。

配送的概念可以从以下两个方面来认识。

1．从经济学资源配置的角度认识配送

根据配送在社会再生产过程中的位置以及配送的本质，可以把配送描述为是以现代送货形式来实现资源最终配置的经济活动。

这个概念概括了四点内涵：

(1) 配送是资源配置的一部分，因而它是经济体制的一种形式。

(2) 配送是“最终资源配置”，是接近顾客的配置。在经营战略中，接近顾客是至关重要的内容。美国兰德公司对《幸福》杂志所列的 500 家大公司的一项调查表明：“经营战略和接近顾客至关重要”，也证明了这种配置方式的重要性。

(3) 配送的主要经济活动是现代送货。配送是以现代生产力、劳动手段为支撑，依靠科技手段实现“配”和“送”有机结合的一种方式。因此，它不同于传统意义上的简单送货。

(4) 在社会再生产过程中，配送处于接近用户的那一段流通领域。因此，可以说配送是一种重要的方式，有其战略价值，但是由于其局限性，配送并不能解决流通领域的所有问题。

2．从实施形态的角度认识配送

从配送最终实现的环节来看，配送可以被描述为是按用户订货要求，在配送中心或其他物流节点进行货物配备，并以最合理方式送交用户的过程。

配送的内容概括了五点：

(1) 描述了接近用户资源配置的全过程。

(2) 配送的实质是从物流节点至用户的一种特殊送货形式。它区别于一般送货，是一种“中转”形式。

一般送货可以是一种偶然的行为，而配送却是一种固定的形态，甚至是一种有确定组织、确定渠道，有一套装备和管理力量、技术力量，有一套制度的体制形式。所以，配送是高水平的送货形式，即前面我们所提到的现代送货。

从送货功能看，配送的特殊性表现为：从事送货的不是生产企业，而是专职流通企业。一般送货尤其从工厂至用户的送货往往是直达型的，而配送是“中转”型送货。一般送货是有什么送什么，配送则是根据企业的需要送货。所以，要做到按需送货，就必须在一定中转环节筹集这种需要，因此配送必然以中转形式出现。当然，许多人也将非中转型送货纳入配送范围，将配送外延从中转扩大到非中转，仅以“送”为标志来划分配送外延，这也有其一定道理。

(3) 配送是“配”和“送”有机结合的形式。在运送货物过程中，如果不进行分拣、配货，有一件运一件，需要一点送一点，就会大大增加劳动力的消耗，而配送是利用有效的分拣、配货等理货工作，使送货达到一定的规模，并利用规模优势降低送货成本。所以，要追求整个配送的优势，分拣、配货等项工作是必不可少的。

(4) 配送以用户要求为出发点。配送定义中强调了“按用户的订货要求”，明确了用户的主导地位。配送是从用户利益出发、按用户要求进行的一种活动。因此，在观念上必须明确配送企业的地位是服务地位而不是主导地位，应从用户利益出发，在满足用户利益基础上取得本企业的利益，即做到“用户第一”和“质量第一”。更重要的是，配送企业不能利用配送损伤或控制用户，更不能利用配送作为部门分割、行业分割、割据市场的手段。

(5) “以最合理方式”配送，目的是为了避免过分强调“按用户要求”。因为用户本身的局限，有时在实际中会损失自我或双方的利益。因此，对于配送者来说，必须以“用户要求”为据，但是不能盲从，应该追求合理性，进而指导用户，实现共同收益。

1.1.2 配送的特点

配送既不同于运输，也不同于旧式送货，它有着物流大系统所特有的特点，具体包括以下几个方面：

1. 配送不仅仅是送货

配送业务中，除了送货，在活动内容中还有货物的“拣选”、“分货”、“包装”、“分割”、“组配”、“配货”等项工作，这些工作难度很大，必须具有发达的商品经济和现代的经营水平才能做好。在商品经济不发达的国家或历史阶段，很难按用户要求实现配货，要实现广泛的高效率的配货就更加困难。因此，一般意义的送货和配货存在着时代的差别。

2. 配送是送货、分货、配货等活动的有机结合体

配送是许多业务活动有机结合的整体，同时还与订货系统紧密联系。要实现这一点，就必须依赖现代各种信息，建立和完善整个大系统，使其成为一种现代化的作业系统。这也是以往的送货形式无法比拟的。

3. 配送的全过程要有现代化技术和装备的保证

由于配送的全过程采用了现代化技术和装备，使配送在规模、水平、效率、速度、质量等方面远远超过以往的送货形式。在配送活动中，由于大量采用各种传输设备及识码、拣选等机电设备，使得整个配送作业像工业生产中广泛应用的流水线，实现了流通工作的一部分工厂化。因此，配送也是科学技术进步的一个产物。

4. 配送是一种专业化的分工方式

以往的送货形式只是作为推销的一种手段，目的仅仅在于多销售一些商品。而配送则是一种专业化的流动分工方式，是大生产、专业化分工在流通领域的体现。因此，如果说一般的送货是一种服务方式的话，配送则可以说是一种体制形式。

1.1.3 配送的作用

当前，配送不但广为实行，而且成为企业经营活动的重要组成部分，充分发挥了优化经济结构、节约社会劳动及提高物流系统效率和服务水平的作用。

(1) 有益于物流运动实现合理化。配送不仅能够把流通推上专业化、社会化道路，更重要的是它能以其特有的运动形态和优势调整流通结构，使物流运动演化为规模经济运动。所以，推行配送制可以形成高效率和高效益，同时还减少了车辆的空驶，减少了污染物排

放量。

(2) 完善了输送及整个物流系统。配送处于支线运输环节，灵活性、适应性、服务性都较强，能将支线运输与小搬运统一起来，使运输过程得以优化和完善。

(3) 提高了末端物流的经济效益。采用配送方式，可以做到经济地进货。配送可将各种商品配齐集中起来向用户发货，也可将多个用户小批量商品集中在一起进行发货，从而降低单位物流成本。

(4) 通过集中库存，可使企业实现低库存或零库存。生产企业可以释放大量储备资金，改善财务状况，降低成本。

(5) 简化手续、方便用户。用户只需要向配送中心一处订购，就能达到向多处采购的目的，减少订货等一系列费用开支。

(6) 提高商品供应保证程度。用户因缺货影响生产的风险减小了。

1.1.4 配送中心的概念

配送中心是伴随着生产的不断发展而发展的，它是社会分工、专业分工进一步细化之后产生的。日本经济新闻社出版的《输送的知识》一书，指出配送是物流系统化和大规模化的必然结果。

《变革中的配送中心》一文中指出："由于用户在货物处理的内容上、时间上和服务水平上都提出了更高的要求，为了顺利地满足用户的这些要求，就必须引进先进的分拣设施和配送设备，否则就建立不了正确、迅速、安全、廉价的作业体制。"因此，在运输业界，大部分企业都建立了正式的配送中心。

配送中心自产生以来，其发展大体上经历了三个阶段：

第一阶段，是配送中心初步形成阶段(第二次世界大战后到 20 世纪 60 年代末)。在第二次世界大战中，高效、快捷的物质和人员的分配输送对盟军的胜利做出了突出的贡献。当时，美军在亚洲、欧洲、非洲等地同时进行作战，巨大的军需物资和人员输送成了美军一项重要工作，为了保证世界各地作战的需要，快捷、安全、准确地供给各战场所需要的物资，美军逐步建成了一条军需物资从生产到战地使用的后勤保障系统，在人们的视野中出现了物流配送。二战后，日本、美国以及西欧各国经济高速增长，社会化大生产体制建立起来了，但随之而来的流通落后的问题，使物流成本居高不下，严重阻碍了生产力的进一步发展。当时，日本曾经进行了一项调查，由于多数企业采取自备车辆进行运输配送，致使交通拥堵加剧，停车时间延长，环境污染日趋严重，使企业发送货物的效率明显下降。但如果企业减少自备车辆就意味着自身运输能力减弱，销售收入降低。这种企业各自为战的局面，制约了整体物流的发展，特别是多环节、低速度、高成本、高浪费的物流，导致整个社会物流总成本急剧上涨。美国"20 世纪财团"当时的一项调查显示：以商品零售价格为基数进行计算，流通费用所占比例竟高达 59%，其中大部分为物流费用。由于流通结构分散和物流费用不断上升，严重阻碍了生产的发展和企业利润率的提高，为增强企业竞争力，提高经济效益，日本、美国企业界将第二次世界大战期间成功的"军事后勤"引用到企业管理中，不少大公司设立了新型流通机构，将独立、分散的物流统一、集中，推出了新型的送货方式，成立了配送中心。此时，配送还是一种粗放、单一的活动，配送活动的范围还很小，配送货物的种类不多，业务量不大，主要是作为促销的重要手段来发挥作用的。20 世纪 60 年代中期，随着经济发展速度的逐步加快，以及由此带来的货物运输量急剧增加和商品市场竞争的日趋激烈，配送得到了进一步的发展。欧美一些国家的企业相继调整了仓库结构，组建或者设立了配送中心，普遍开展了货船配装、配载和送货上门服务。配送中心的设立，不仅降低了流通费用，而且也节约了整个社会的劳动消耗。据统计，20 世纪 60 年代美国的许多公司将原来的老式仓库改成了配送中心，使老式仓库减少了 90%以上。

第二阶段，是配送中心的快速发展阶段(20 世纪 60 年代末到 80 年代初)。20 世纪 60 年代末期，随着全球化的发展，企业在世界范围的贸易往来日益增多，企业与其合作伙伴之间的供应链变得更长、更复杂，成本也更进一步上升。特别是第一次全球石油危机之后，利率和能源价格飞涨，使占据石油消费量 20%～30%的运输业成本急剧上升。运输费用的增加超过了企业的承受能力，迫使生产制造企业寻找更加合理的物流途径、更好的合作伙伴。为了使自己能够比国内外竞争对手给市场提供更快捷、更可靠、更廉价的产品，企业开始重视运费和服务质量的谈判，从而使物流进一步成为人们所关注的焦点，推进了配送中心向合理化的进一步发展。这一时期，配送货物的种类不断增加，除了服装、食品、药品、旅游用品等消费品外，还包括不少生产资料产品；配送的范围日渐扩大，不仅限于城市范围内，还由城市内扩大到城市间、全国范围甚至洲际；配送的形式也由企业自身业务范围内，扩展到试行“共同配送”；配送业务量快速增长，物流配送的服务水平也大大提高。

第三阶段，是物流配送的成熟阶段(20 世纪 80 年代到现在)。20 世纪 70 年代末到 80 年代初，美国政府相继制定了一系列法规、法案，解除了对运输业的管制，运输市场全面实现了市场化、自由化。这不仅带来了运输业的激烈竞争，而且由于运费、运输线路的选择、运送计划自由决定，使配送中心的经营者能够真正按客户的需求，实现和其他配送企业在物流配送服务上的差异化竞争，加速了配送中心向规模化、集约化、统合化、专业化的发展。特别是物流信息系统的引进，使整体物流成本在整个国民经济中呈逐年下降的局面。据《2000 年美国年度物流状况报告》显示，1980 年美国物流成本占当年 GDP 的 15.7%，1981 年为 14.1%，1990 年占 9.9%。与此同时，配送中心的规模和数量都在快速增长，配送货物的品种也是全方位面向社会，涉及生产、生活的方方面面。据有关资料介绍，1986 年，美国 GPR 公司共有送货点 3.5 万个，经过合并等行动，到了 1988 年，送货点减少到了 1800 个，减少幅度达 94.85%。在此期间，美国通用食品公司用新建的 20 个配送中心取代了以前所建的 200 个仓库，以此形成了规模经营的优势。在日本出现了人均搬运作业效率 500 个托盘/小时，分拣能力达 1.45 万件的配送中心。日本资生堂配送系统每天可完成 4200 个商店的配送任务，配送能力已经达到了很高的水平。同时，配送中心的配送范围已扩大到省际、国际和洲际，甚至于全球。例如，来自荷兰国际配送委员会的信息称，1988 年荷兰 35%左右的贸易量，其过境运输用的是“转运站”(配送中心)。配送中心除了自己直接配送外，还采取转承包的配送策略，不断扩大配送的地理范围。而且，在配送实践中，配送的技术水平、手段日益先进。各种先进技术特别是计算机的应用，使物流配送基本上实现了自动化。发达国家的配送中心普遍采用了诸如自动分拣、光电识别、条形码等先进技术，并建立了与之配套的体系和先进的装备(如无人搬运车、自动分拣机等)，使配送的准确性和效率大大提高。美国 UPS 全球物流公司的职员通过电子阅读及检查进入仓库的

IBM 所有产品的条形码，就能使拥有远程读取数据设备的人准确地监测出储存水平。有的工序因采用先进技术和先进设备，工作效率提高了 5～10 倍。

在我国，配送中心的发展起步晚，与发达国家相比，存在着巨大差距。我国的物资部门是涉足配送行业的先导者。早在 20 世纪 60～70 年代的计划经济时代，我国的一些物资部门就在一个城市设置一个或者几个集中供货点，开始按计划指标进行备货、配货和送货，并且实行相对集中库存、集中送货、集中供应到厂和提高效率的物资流通方式，这是我国配送的雏形。进入 20 世纪 80 年代，我国物流配送方式无论是在规模、水平、速度和效率方面都得到了进一步的发展，在库存管理、配送质量等方面也有很大的提高。特别是随着改革开放政策的实施，市场的开放搞活，物资流通格局发生了巨大的变化。物资流通企业顺应新形势也广泛开发多种方式的物资配送业务，如天津储运公司唐家口仓库的“定时定量配送”、河北石家庄市物资局“三定一送”以及上海、天津等地的煤炭配送等。这说明我国的物流配送已经从自发运用配送阶段步入基本自觉应用阶段。但此时的配送仍具有浓重的计划经济色彩，配送模式比较单一，影响面也较小。20 世纪 90 年代以来，我国政府部门开始有组织、有计划地推动物流配送工作。1990 年，在经济比较发达的无锡等 11 个城市进行以发展配送制为重点的物资流通综合改革试点，到 1992 年底，已有 40 多个城市开展了物流配送，签订配送协议的企业超过 1000 家，连锁经营网点达 15 000 多个，并在上海、杭州等地分别进行配送中心试点建设。后来，试点城市不断扩大，多种类型的配送中心也相继出现，配送业得到了快速发展。当时，我国配送业的发展呈现出以下特点：第一，各地政府积极培育物流配送业。上海等省市甚至将物流业作为支柱性产业来扶持。第二，出现了各具特色的不同类型的现代物流企业。运输、仓储等传统物流企业，通过改造变成了物流企业，一些生产企业开始介入现代物流业，一批专业化的物流企业迅速崛起，物流配送的现代化、专业化趋势日益明显，形成了服务模式多样、多种经济成分并存的现代物流企业群体。第三，随着连锁企业的规模扩张，连锁企业内部的配送中心在硬件设施、管理水平及管理信息系统建议等方面，取得较大发展。第四，现代物流技术的研发取得显著成果。

为加快我国物流配送业的发展，2001 年 3 月，原国家经贸委会同铁道部、交通部、信息产业部、外贸部和民航总局，出台了《关于加快我国现代物流发展的若干意见》，明确了我国物流业发展的指导思想和总体目标。主要内容有：

(1) 积极培育物流市场，建立社会化的区域物流服务体系。作为区域性的物流配送中心，主要功能在于大宗货物的快速集散、流转。为此，要深化交通运输的改革，打破行业和部门垄断，积极发展多种形式的联运，培育拥有多种运输手段的新型物流企业；加强物流基础设施建设，特别是对中心城市、交通枢纽、物资集散地和口岸地区大型物流基础设施的建设，兼顾近期运作和长远发展的需要，纳入整个城市的建设规划，实行预留地制度；加强大型物流基地的规划管理，对现有资源进行有效整合和重新配置，防止各部门各自为政，物流设施功能单一，投资分散，重复建设，造成社会资源的浪费；建立健全为物流服务的相关中介机构，如建立便捷、快速的“大通关”系统，现代化的展示、展销设施，完善的通讯系统等。

(2) 塑造多层次、多类型的物流配送格局。根据国情，大力发展直接为生产、流通企业服务的物流设施。一是要加强连锁企业内部物流配送中心的建设和管理。要根据企业的实际情况，考虑市场需要和生产流通的发展趋势，合理确定配送中心的建设规模和水平，逐步实现仓库立体化、装卸搬运机械化、拆零配货电子化、配送过程无纸化，并建立自动补货系统，为连锁企业提供安全可靠、高效率的配送体系。二是整合物流资源，建设专业化、社会化的物流企业。通过资产联合重组和专业化改造，充分利用和整合现有物流资源，特别是与批发企业和储运企业改组、改造相结合，打破行业界限和地区封锁，有计划、有步骤地完善和发展社会化的物流企业，提供高效快捷的配送服务。三是积极组织生产资料分销企业，完善服务功能，为生产企业提供原、辅材料及零部件的配送业务。逐步建立钢材剪切加工、混凝土、玻璃加工、日用化工产品和食品等专业化加工配送中心，不断扩大配送品种范围，力争建成提供大规模、多品种及高效率服务的物流配送体系。

(3) 推进国际合作，加快物流产业发展。在我国加入世贸组织的文件中，没有对物流产业的开放做出专门承诺，但在分销、运输等部分的承诺中，都包含了物流产业开放的相关内容。在1999年公布的《外商投资商业企业试点办法》中，规定中外合营商业企业可以“经营相关的配套服务”。在实际审批中，国家已明确允许外商投资连锁商业企业建立物流配送中心。

作为“十一五”专项规划，国家发改委借鉴国外经验，并根据中国实际需要，制定了《全国现代物流业发展规划纲要》核心内容是对各级政府应在地方物流业发展中的作用给予指导性意见，其目的是确定物流业发展的方针和总体目标，明确物流业在中国经济发展中的地位，避免和减少地方政府在发展物流业中重复建设和资源浪费现象，不断完善物流和配送功能，加快配送中心的网点布局建设，积极推进企业改革和市场体系的发展，为物流配送的发展创造更加良好的外部环境；提出了中国物流产业发展政策，包括放宽市场准入、简化行政管理、规范物流市场秩序、调整物流税费、支持专业物流公司发展、推进物流标准化信息化建设、加快对外开放、简化通关程序、重视人员培训等。这必将有力地推动我国配送业市场的发展进程。

中华人民共和国国家标准《物流术语》(GB/T 18354—2001)对配送中心(Logistics center)下的定义是：从事物流活动的场所或组织，应基本符合下列要求：① 主要面向社会服务；② 物流功能健全；③ 完善的信息网络；④ 辐射范围大；⑤ 少品种、大批量；⑥ 存储、吞吐能力强；⑦ 物流业务统一经营、管理。

上述定义虽然勾画出了物流配送中心与配送中心的基本轮廓，但也有模糊之处。例如，在物流配送中心概念中主要面向社会服务一条，就不能将众多的生产加工企业自备的物流配送中心包括在内。海尔集团的物流配送中心、林德物流配送中心都属于企业自备的物流配送中心。所以，给物流配送中心确定一个包容性较强的基本含义比下一个精确的定义更为现实。

物流配送中心是综合性、地域性、大批量的物资实现物理位移的集中地，它把商流、物流、信息流和资金流融为一体，成为产销企业之间的中介。配送中心则是以组织配送性销售或供应，执行实物配送为主要职能的流通型节点。在配送中心中，为了能做好送货的编组准备，需要采取零星集货、批量进货等种种资源搜集工作和对货物的分拣、配备等工作。因此，配送中心也具有集货中心、分货中心的职能。为了更有效地、更高水平地实现配送，配送中心往往还有比较强的流通加工能力。此外，配送中心还必须执行货物配备后送达客户的使命，这是和分货中心只管分货不管运达的重要不同之处。由此可见，如果说集货中心、分货中心、加工中心的职能还是较为单一的话，那么配送中心的功能则较全面、完整，也可以说配送中心实际上是集货中心、分货中心、加工中心功能的综合，并有了“配”与“送”的有机结合。这样，配送中心作为物流配送中心的一种主要形式，有时便和物流配送中心等同起来了。

综上所述，凡从事大规模、多功能物流活动的场所在本书中统称为物流配送中心。物流配送中心的主要功能是大规模集结、吞吐货物，因此必须具备运输、储存、保管、分拣、装卸、搬运、配载、包装，加工、单证处理、信息传递、结算等主要功能，以及贸易、展示、货运代理、报关检验、物流方案设计等一系列延伸功能。

物流配送中心是一个广泛的概念，是各种物流节点的总称。物流基地、物流地、集散中心、配送中心等称谓除了规模、货物流向、送达方式、组织管理等方面有所不同之外，在大规模、多功能的共同点上，它们都可称为物流配送中心。

物流配送中心规模的大小也是相对的，对于港口、码头来说，占地面积几十、上百平方公里，年吞吐货物上亿吨叫做物流配送中心，而对于某一连锁商业的配送中心来说，占地可能只有上万平方米，也可被称为物流配送中心。从货物的流向来分，有专门提供原材料、零部件物流的供应物流配送中心，也有提供最终消费品的销售物流配送中心；有为城市服务的城市物流配送中心，也有为货物集散服务的物流配送中心；有产权属于生产制造业、农业组织的物流配送中心，也有产权属商业流通企业的物流配送中心，还有产权属第三方物流企业的物流配送中心。总之，物流形式的多样性，造就了物流配送中心形式的多样性。正是众多各不相同的实实在在的物流据点，才形成了抽象的“物流配送中心”的概念。

任务二　配送中心的地位及功能

1.2.1　配送中心的地位

无论从现代物流学科建设方面还是从经济发展的要求方面来讲，都需要对配送中心的地位有一个明确的界定。

1．层次定位

在整个物流系统中，配送中心定位于商流、物流、信息流、资金流的综合汇集地，具有非常完善的功能；物流中心定位于物流、信息流、资金流的综合设施，其涵盖面较流通中心为低，属于第二个层次的中心；配送中心如果具有商流职能，则属于流通中心的一种类型，如果只有物流职能则属于物流中心的一个类型，可以被流通中心或物流中心所覆盖，属于第三个层次的中心。

2．横向定位

从横向来看，与配送中心作用大体相当的物流设施有仓库、货栈、货运站等。这些设施都可以处于物流末端的位置，实现资源的最终配置。不同的是，配送中心是实行配送的专门设施，而其他设施可以实行取货、一般送货，而不是按照配送要求有完善组织和设备的专业化流通设施。

3．纵向定位

配送中心在物流系统中纵向的位置：如果将物流过程按纵向顺序划分为物流准备过程、首端物流过程、干线物流过程、末端物流过程，配送中心是处于物流过程末端的起点。它所处的位置是直接面向用户的位置。因此，它不仅承担直接对用户服务的功能，而且根据用户的要求，起着指导全物流过程的作用。

4．系统定位

在整个物流系统中，配送中心的定位是提高整个系统的运行水平。现代物流利用集装方式在很多领域中实现了“门到门”的物流，配送中心将可以利用集装方式配送，从而提高整个物流系统效率的对象进行很大的分流，所剩下的主要是多批量、多品种、小批量、多批次的货物，这种类型的货物用传统物流系统是难以提高物流效率的。在包含着配送中心的物流系统中，配送中心对整个系统的效率提高起着决定性的作用；在包含配送系统的大型物流系统中，配送中心处于非常重要的位置。

5．功能定位

配送中心的主要功能是围绕配货和送货而确定的，有关的信息活动、交易活动、结算活动等，虽然也是配送中心不可缺的功能，但是它们必然服务和服从于配货和送货这两项主要的功能。

因此，配送中心是一种末端物流的节点设施，通过有效地组织配货和送货，使资源的最终端配置得以完成。

1.2.2　配送中心的功能

配送中心是一种多功能、集约化的物流节点。配送中心具有集货功能、衔接功能、存储功能、分拣功能、分装与配装功能、货物集散功能、流通加工功能、配送功能、信息交换与处理功能等，如图 1-1 所示。

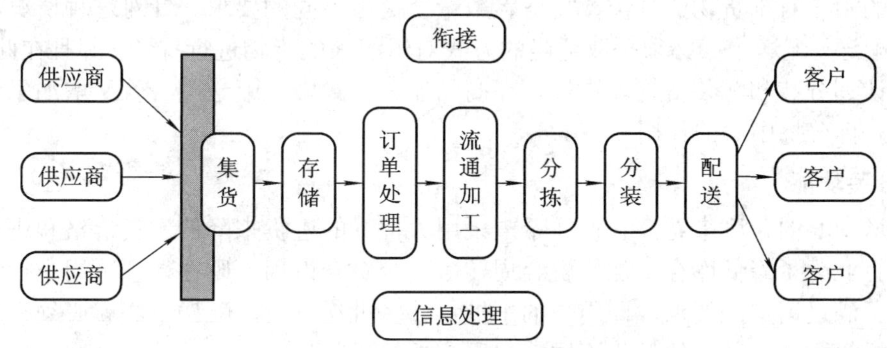

图 1-1　配送中心功能示意图

1．采购功能

配送中心必须首先采购所要供应配送的商品，才能及时、准确、无误地为其用户即生产企业、商业企业或者消费者供应物资。配送中心应根据市场的供求变化情况，制订并及时调整统一的、周全的采购计划，并由专门的人员与部门组织实施。

2．集货功能

配送中心从众多的供应商那里按客户需要的品种较大批量地进货，以备齐所需商品，此项工作称为集货。为了能够按照用户要求配送货物，配送中心首先必须从众多的供应商那里按用户需要的品种较大批量地进货，即必须按用户的需求集中一定规模的备货。集货功能是配送中心的基础职能，是配送中心取得规模优势的基础所在。一般来说，集货批量应大于配送批量。

3．存储功能

配送中心的服务对象是为数众多的生产企业和商业网点(比如连锁店和超级市场)。配送中心需要按照用户的要求及时将各种配装好的货物送交到用户手中，满足生产和消费需要。为了顺利有序地完成向用户配送商品的任务，而且能够更好地发挥保障生产和消费需要的作用，配送中心通常要兴建现代化的仓库并配备一定数量的仓储设备，存储一定数量的商品。某些区域性的大型配送中心和开展“代理交货”配送业务的配送中心，不但要在配送货物的过程中存储货物，而且它所存储的货物数量更大、品种更多。储存是配送的资源保证，是配送中心必不可少的功能。

4．组配功能

由于每个用户企业对商品的品种、规格、型号、数量、质量、送达时间和地点等的要求不同，配送中心就必须按用户的要求对商品进行分拣和配组。配送中心的这一功能是与其传统的仓储企业的明显区别之一，这也是配送中心的最重要的特征之一。可以说，没有组配功能，就无所谓配送中心。

5．分拣功能

分拣功能是指将一批相同或不同的货物按照不同的要求(如配送给不同的网点)，分别拣开、集中在一起，准备进行配送的作业过程。作为物流节点的配送中心，其为数众多的客户中，彼此差别很大，不仅各自的性质不同，而且经营规模也大相径庭。在订货或进货时，不同的用户对于货物的种类、规格、数量会提出不同的要求。针对这种情况，为了有效地进行配送，配送中心必须采取适当的方式对组织来的货物进行拣选，并且在此基础上，按照配送计划分装和配装货物。这样，在商品流通实践中，配送中心就又增加了分拣货物的功能，发挥分拣中心的作用。

6．分装功能

从配送中心的角度来看，它往往希望采用大批量的进货来降低进货价格和进货费用，但是用户企业为了降低库存、加快资金周转、减少资金占用，则往往要采用小批量进货的方法。为了满足用户的要求，即用户的小批量、多批次进货，配送中心就必须在配货时，将大包装拆箱成小包装，然后将不同客户所需要的货物进行有效地组合包装，依据送货次序在配送车辆上进行有效地码放。

7．集散功能

配送中心将各个不同企业的多种产品集中到一起，经过分拣、配装，把众多用户所需要的多种货物有效地集合在一起，形成经济、合理的货载量向多家用户发送。 配送中心在流通实践中所表现出的这种功能就是货物集散功能。

8．加工功能

配送中心应能够按照用户提出的要求和根据合理配送商品的原则，将组织进来的货物加工成一定的规格、尺寸和形状。配送中心的基本加工功能有拆包、组配、贴标签及条码制作。这些加工功能是现代配送中心服务职能的具体体现。

加工货物是一些配送中心的重要活动。配送中心具备加工功能，积极开展加工业务，既方便了用户，省却了其繁琐劳动，又有利于提高物质资源的利用率和配送效率。此外，对于配送活动本身来说，客观上则起着强化其整体功能的作用。

为了满足用户，特别是生产企业对物料的不同需求，配送中心应该添置必要的机器设备。目前国内外许多配送中心都配备了各种加工设备，并形成了一定的加工能力。

9．衔接功能

通过开展货物配送活动，配送中心能够把各种工业品和农产品直接送到用户手中，客观上可以起到生产和消费之间媒介的作用，衔接着生产与消费，它不仅通过集货和储存平衡供求，而且能有效地协调产销在时间上、地域上的分离。这是配送中心衔接功能的一种重要表现。

在人类社会中，生产和消费并非总是等幅度增长和同步运动的。很多工业品如煤炭、水泥产品，都是按照计划批量、均衡生产的，但是其消费却带有很强的季节性。另外有一些产品(主要是农产品)的情况却恰恰相反。其消费是连续进行的，而其生产却是季节性的。这种现象表明，就某些产品而言，生产和消费之间存在着一定的时间差。由于配送中心具有吞吐货物的能力和具备存储物资的功能，因此能够调节产品的供求关系，进而能够解决生产和消费之间的时间差的问题。从这个意义上讲，配送中心是衔接生产和消费的中介组织。

10．信息交换和处理功能

由于多种功能齐聚在物流配送中心，物流配送中心必然会成为信息中心，货物到达、分发、装卸、搬运、储存保管、销售、客户、价格、运输工具及运行时间等各种信息在这里交汇、收集、整理和发布。配送中心应具有相当完备的信息处理系统，能有效地为整个流通过程的控制、决策和运转提供信息依据。无论在集货、储存、拣选、流通加工、分拣、配送等一系列物流环节的控制方面，还是在物流管理和费用、成本、结算方面，配送中心应均可实现信息共享。

11．增值服务功能

为了进一步挖掘利润源泉，延伸物流系统作用范围，提高竞争力，物流配送中心具有更多的增值服务功能：

(1) 结算功能。除了物流费用的结算外，在从事代理、配送的情况下，物流配送中心还要替货主向收货人结算货款等。

(2) 物流系统设计咨询功能。为企业设计物流系统，协助企业选择评价供货商、分销商以及物流服务供应商，开展“第四方物流”。

(3) 物流教育与培训功能。向客户提供物流教育和培训服务，提高企业的物流管理水平，培养客户与物流配送中心经营者的认同感。

(4) 需求预测功能。物流配送中心通过进出货信息预测市场对商品的需求，供生产企业参考。

(5) 其他服务功能。如报关、代理征税、协助订货、销售、提供售后服务、运输生产服务、生活服务等。

任务三 配送中心的类型及组织结构

1.3.1 配送中心的类型

根据不同的分类方式，物流配送中心可以分为不同的类别。

1. 从隶属关系角度分类

(1) 生产企业自办的物流配送中心。

生产企业自办的物流配送中心一般由规模较大的跨国公司出资兴建，其目的是为本公司生产的产品进行实物分配，在发达国家这类物流配送中心数量比较多。例如德国林德公司所建物流配送中心，建筑面积为 12 000 m^2，主要从事林德产品的维修零部件配送服务。日本的小松、日产、松下、丰田、资生堂、东芝、三菱、王子等知名公司，都拥有自己的物流配送中心和运输工具，有的还拥有专用码头。这些大的生产企业规模很大，大得足以使零部件、产成品的运输、仓储部分独立出来，成为物流配送中心。可以预见，尽管第三方物流日渐被人们接受，大企业的自办物流也不会消亡，因为这种物流配送中心有本企业产品的支持。

(2) 商业企业自办物流配送中心。

有的专家又将商业企业自办物流配送中心细分为批发商的物流配送中心和零售商的物流配送中心，其实两者都可以归结为商业企业物流配送中心。这类物流配送中心有的从事原材料、燃料、辅助材料的流转，有的从事大型超市、连锁店的产品配送。如沃尔玛、麦德龙、家乐福、易初莲花等大型零售企业自办的配送中心，这种配送中心的辐射半经约 150～200 km。

(3) 仓储、运输企业设立的物流配送中心。

仓储企业天然可以成为物流配送中心，因为它是物流的节点，拥有土地、库房、站点和装卸设备，功能的扩展使它演变成物流配送中心。运输企业设立物流配送中心，是因为它需要物流节点以整理、配载、换载货物，达到扩大功能、节约物流成本的目的。美国的 APA 运输公司在纽约就拥有这样的一个物流配送中心，该物流配送中心占地约 50 000 m^2，建有一个 20 000 m^2 的流转库，每天分拣着公司集运来的送往纽约市和纽约市送往外地的货物。这里运输业务是主营业务，保管、分拣业务成了延伸业务。由此推及，轮船公司、邮政部门、铁路运营公司、机场及航空运输企业都可拥有自己的物流配送中心。

(4) 社会化的物流配送中心。

社会化的物流配送中心往往为中小工商企业服务或为物流公司服务，此类物流配送中心或由政府出资，或由众多企业集资建成。该类物流配送中心拥有公共使用的装卸货平台、设备、设施，拥有可以分割产权或分割成单元的库房。西班牙马德里内陆港物流配送中心，拥有几十幢独立仓库，由众多物流企业在经营。经营的品种有原料、工业品，生活用品、邮件、包裹、报纸等。德国布莱梅物流配送中心有 52 家物流企业进驻。东京和平岛物流配送中心就是由多家物流企业、生产企业、商业企业共同使用的物流配送中心。

2．根据作业特点分类

(1) 流通型物流配送中心。

流通型物流配送中心是一种基本上没有长期储存功能，仅以暂存或随进随出方式进行配货、送货的物流配送中心。这种物流配送中心的典型作业方式是：大量货物整进并按一定批量零出，采用大型分货机。进货时，货物直接进入分货机传送带，分别被送到各用户货位或直接分送到配送汽车上，货物在物流配送中心里仅做短暂停留。

(2) 加工配送型物流配送中心。

加工配送型物流配送中心以加工产品为主。因此，在其物流配送作业流程中，储存作业和加工作业居主导地位。由于流通加工多为单品种、大批量产品的加工作业，并且是按照用户的要求安排的，因此，对于加工配送型的物流配送中心，虽然进货量比较大，但是分类、分拣工作量并不太大。此外，因为加工的产品品种较少，一般都不单独设立拣选、配货等环节。通常，加工好的产品可直接运到按用户户头划定的货位区内，并且要进行包装、配货。许多资料都介绍到物流配送中心的加工职能，但是加工配送型物流配送中心的实例目前并不多见。我国上海市和其他城市已开展的配煤配送，配送点中进行了配煤加工。上海 6 家船厂联建的造船用钢板处理配送中心、原物资部北京剪板厂都属于这一类型的中心。

(3) 批量转换型物流配送中心。

一般情况下，批量转换型物流配送中心主要以随进随出方式进行分拣、配货和送货，产品以单一品种、大批量方式进货。在物流配送中心转换成小批量，商品在物流配送中心仅做短暂停留。

3．根据服务区域分类

(1) 城市物流配送中心。

城市物流配送中心是以城市区域为配送范围的物流配选中心。由于城市范围一般处于汽车运输的经济里程内，这种物流配送中心可直接配送到最终用户，且常常采用汽车进行配送，所以，这种物流配送中心往往和零售经营相结合。由于运距短、反应能力强，因而从事多品种、少批量、多用户的配送较有优势。我国已建的北京食品配送中心即属于这种类型。

(2) 区域物流配送中心。

区域物流配送中心是以较强的辐射能力和库存准备，向省(州)际、全国乃至国际范围的用户配送的物流配送中心。这种物流配送中心规模较大，一般而言，用户也较大，配送批量也较大，而且，往往是配送给下一级的城市物流配送中心，也配送给营业所、商店、批发商和企业用户，虽然也从事零星的配送，但不是主体形式。这种类型的物流配送中心在国外十分普遍，《国外物资管理》杂志曾介绍过的阪神配送中心、美国马特公司的配送中心、蒙克斯帕配送中心等就属于这种类型。

4. 根据货物的流向分类

(1) 供应物流配送中心。

供应物流配送中心是专门为某个或某些用户(例如联营商店、联合公司)组织供应的物流配送中心。例如，为大型连锁超级市场组织供应的物流配送中心，代替零件加工厂送货的零件物流配送中心。我国上海地区 6 家造船厂的钢板配送中心，就属于供应型物流配送中心。

(2) 销售物流配送中心。

销售物流配送中心是以销售经营为目的、以配送为手段的物流配送中心。销售物流配送中心大体有 3 种类型：一种是生产企业为本身产品直接销售给消费者而设立的物流配送中心，在国外，这种类型的配送中心很多；另一种是流通企业作为本身经营的一种方式，建立物流配送中心以扩大销售——我国目前拟建的物流配送中心大多属于这种类型，国外的例证也很多；第三种是流通企业和生产企业联合的协作性物流配送中心。比较起来，国外和我国的发展趋势都向着以销售物流配送中心为主的方向发展。

5. 根据服务的适应性分类

(1) 专业物流配送中心。

专业物流配送中心大体上有两个含义：一是配送对象、配送技术属于某一专业范畴，在某一专业范畴有一定的综合性，综合这一专业的多种物资进行配送，例如多数制造业的销售配送中心，我国目前在石家庄、上海等地建的物流配送中心大多数采用这一形式；专业物流配送中心第二个含义是以配送为专业化职能，基本不从事经营的服务型物流配送中心，如《国外物资管理》杂志中介绍的蒙克斯帕配送中心。

(2) 柔性物流配送中心。

柔性物流配送中心在某种程度上是和专业物流配送中心相对立的物流配送中心，这种物流配送中心不向固定化、专业化方向发展，而向能随时变化、对用户要求有很强适应性、不固定供需关系、不断发展配送用户并改变配送用户的方向发展。

6. 根据配送货物种类分类

根据配送货物种类不同，也可将物流配送中心分为食品物流配送中心、日用品物流配送中心、医药品物流配送中心、化妆品物流配送中心、家电产品物流配送中心、电子产品物流配送中心、书籍产品物流配送中心、服饰产品物流配送中心、汽车零件物流配送中心等。

1.3.2 配送中心的组织结构

1. 配送中心的作业活动内容

配送中心的组织结构与其业务活动有紧密联系。不同模式的配送中心作业内容有所不同，一般来说配送中心执行如下作业流程：

进货→进货验收→入库→存放→分拣→出货检查→装货→送货

归纳而言，配送中心的作业活动主要有进货入库作业活动、在库保管作业活动、加工作业活动、理货作业活动和配送作业活动，如图 1-2 所示。

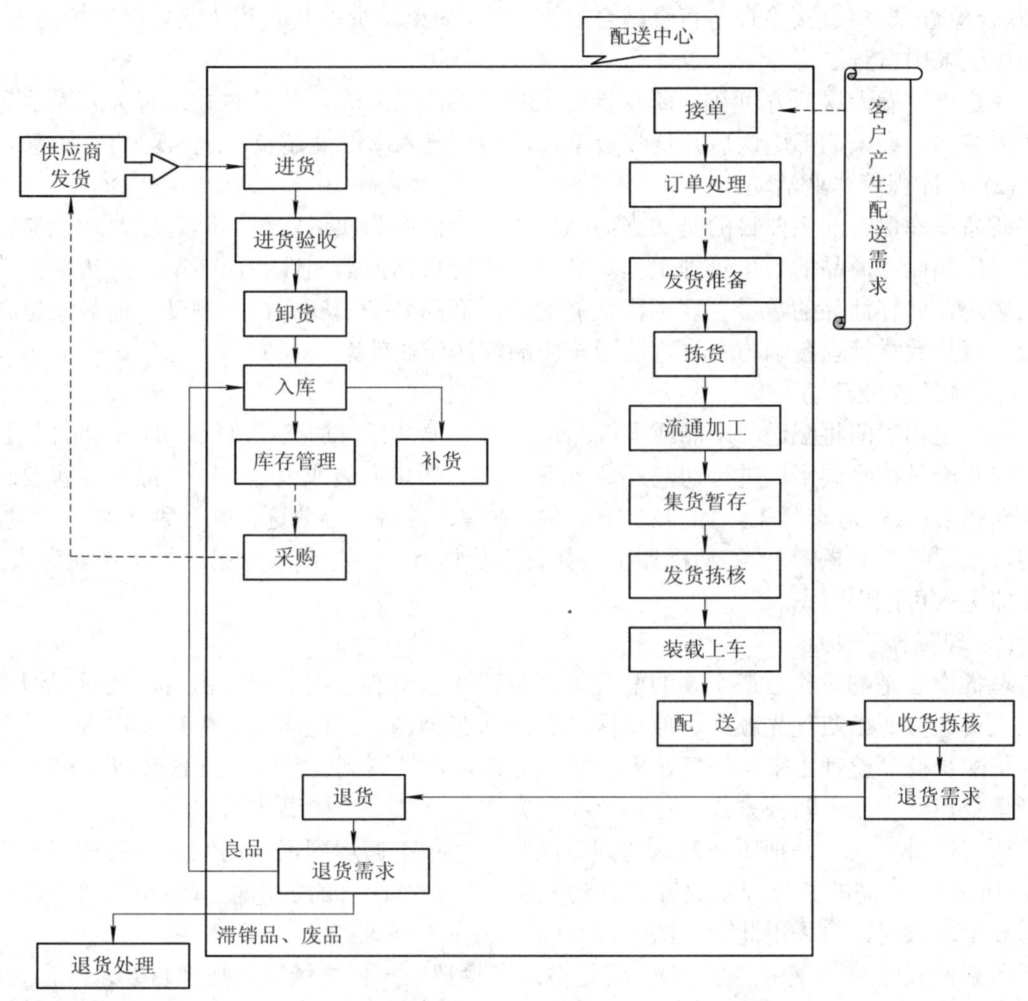

图 1-2　配送中心的作业一般流程

(1) 进货入库作业活动。

进货入库作业主要包括收货、检验和入库三个流程。收货是指连锁店总部的进货指令向供货厂商发出后，配送中心对运送的货物进行接收。收货检验工作一定要慎之又慎，因为一旦商品入库，配送中心就要担负起商品完整的责任。一般来说，配送中心收货员应做好如下准备：及时掌握连锁总部(或客户)计划中或在途中的进货量、可用的库房空储仓位、装卸人力等情况，并及时与有关部门、人员进行沟通，做好以下接货计划：① 使所有货物直线移动，避免出现反方向移动；② 使所有货物移动距离尽可能短，动作尽可能减少；③ 使机器操作最大化、手工操作最小化；④ 将某些特定的重复动作标准化；⑤ 准备必要的辅助设备。

检验活动包括核对采购订单与供货商发货单是否相符、开包检查商品有无损坏、商品分类、所购商品的品质与数量比较等。数量检查有四种方式：① 直接检查，将运输单据与供货商发货单对比；② 盲查，即直接列出所收到的商品种类与数量，待发货单到达后再做检查；③ 半盲查，即事先收到有关列明商品种类的单据，待货物到达时再列出商品数量；④ 联合检查，即将直接检查与盲查结合起来使用，如果发货单及时到达就采用直接检查法，未到达就采用盲查法。

经检查准确无误后方可在厂商发货单上签字将商品入库，并及时登录有关入库信息，转达采购部，经采购部确认后开具收货单，从而使已入库的商品及时进入可配送状态。

(2) 在库保管作业活动。

商品在库保管的主要目的是加强商品养护，确保商品质量安全。同时还要加强储位合理化工作和储存商品的数量管理工作。商品储位可根据商品属性、周转率、理货单位等因素来确定。储存商品的数量管理则需依靠健全的商品账务制度和盘点制度。商品储位合理与否、商品数量管理精确与否将直接影响商品配送作业效率。

(3) 加工作业活动。

主要是指对即将配送的产品或半成品按销售要求进行再加工，包括：① 分割加工，如对大尺寸产品按不同用途进行切割；② 分装加工，如将散装或大包装的产品按零售要求进行重新包装；③ 分选加工，如对农副产品按质量、规格进行分选，并分别包装；④ 促销包装，如促销赠品搭配；⑤ 贴标加工，如粘贴价格标签，打制条形码。加工作业完成后，商品即进入可配送状态。

(4) 理货作业活动。

理货作业是配货作业最主要的前置工作。即配送中心接到配送指示后，及时组织理货作业人员，按照出货优先顺序、储位区域、配送车辆趟次、门店号、先进先出等方法和原则，把配货商品整理出来，经复核人员确认无误后，放置到暂存区，准备装货上车。

理货作业主要有两种方式：一是“播种方式”，二是“摘果方式”。

所谓播种方式，是把所要配送的同一品种货物集中搬运到理货场所，然后按每一货位(按门店区分)所需的数量分别放置，直到配货完毕。在保管的货物较易移动、门店数量多且需要量较大时，可采用此种方法。

所谓摘果方式(又称挑选方式)，就是搬运车辆巡回于保管场所，按理货要求取出货物，然后将配好的货物放置到配货场所指定的位置，或直接发货。在保管的商品不易移动、门店数量较少且要货比较分散的情况下，常采用此种方法。

在实际工作中，可根据具体情况来确定采用哪一种方法，有时两种方法亦可同时运用。

(5) 配送作业活动。

配送作业过程包括计划、实施、评价三个阶段。

配送计划是根据配送的要求，事先做好全局筹划并对有关职能部门的任务进行安排和布置。全局筹划主要包括：制定配送中心计划；规划配送区域；规定配送服务水平等。制定具体的配送计划时应考虑以下几个要素：连锁企业各门店的远近及订货要求，如品种、规格、数量及送货时间、地点等；配送的性质和特点以及由此决定的运输方式、车辆种类；现有库存的保证能力；现时的交通条件。从而决定配送时间，选定配送车辆，规定装车货物的比例和最佳配送路线、配送频率。

配送计划制定后，需要进一步组织落实，完成配送任务。

首先应做好准备工作。配送计划确定后，将到货时间、到货品种、规格、数量以及车辆型号通知客户做好接车准备；同时向各职能部门，如仓储、分货包装、运输及财务等部门下达配送任务，各部门做好配送准备，然后组织配送发运。理货部门按要求将各门店所需的各种货物进行分货及配货，然后进行适当的包装并详细标明客户名称、地址、送达时间以及货物明细。按计划将各客户所需要的货物组合、装车，运输部门按指定的路线运送客户，完成配送工作。

2．配送中心的组织结构类型

企业组织结构是企业组织内部各个有机构成要素相互作用的联系方式或形式，通过组织结构有效、合理地把成员组织起来，为实现共同目标而协同努力。组织结构是企业资源和权力分配的载体，它在人的能动行为下，通过信息传递，承载着企业的业务流动，推动企业使命的进程。

常见的企业组织结构大体上有以下几种类型：

(1) 直线制。直线制是一种最早也是最简单的组织形式，它的特点是企业从上到下实行垂直领导，下属部门只接受一个上级的指令，各级主管负责人对所属单位的一切问题负责。总部不另设职能机构(可设职能人员协助主管人工作)，一切管理职能基本上都由行政主管自己执行。直线制组织结构的优点是：结构比较简单，责任分明，命令统一；缺点是：要求行政负责人通晓多种知识和技能，亲自处理各种业务。在业务比较复杂、企业规模比较大的情况下，把所有管理职能都集中到最高主管一人身上，显然是难以胜任的。因此，直线制只适用于规模较小，技术和管理比较简单的企业，对技术和经营管理比较复杂的企业并不适宜。

(2) 职能制。职能制组织结构是企业除主管负责人外，还相应地设立一些职能机构。如在厂长(经理)下面设立职能机构和人员，协助厂长(经理)从事职能管理工作。这种结构要求行政主管把相应的管理职责和权力交给相关的职能机构，各职能机构有权在自己业务范围内向下级行政单位发号施令。下级行政负责人除了接受上级行政主管人指挥外，还必须接受上级各职能机构的领导。

职能制的优点是能适应现代企业技术比较复杂，管理工作比较精细的特性；能充分发挥职能机构的专业管理作用，减轻直线领导人员的工作负担。但其缺点也很明显：它妨碍了必要的集中领导和统一指挥，形成了多头领导；不利于建立和健全各级行政负责人和职能科室的责任制，在中间管理层往往会出现有功大家抢，有过大家推的现象；另外，在上级行政领导和职能机构的指导和命令发生矛盾时，下级就无所适从，影响工作的正常进行，容易造成纪律松弛，生产管理秩序混乱。由于这种组织结构形式存在明显的缺陷，现代企业一般都不采用职能制。

(3) 直线-职能制。直线-职能制也叫生产区域制或直线参谋制。它是在直线制和职能制的基础上，取长补短，吸取这两种形式的优点而建立起来的。目前，我国绝大多数企业都采用这种组织结构形式。这种组织结构形式是把企业管理机构和人员分为两类，一类是直线领导机构和人员，按命令统一原则对各级组织行使指挥权；另一类是职能机构和人员，按专业化原则，从事组织的各项职能管理工作。直线领导机构和人员在自己的职责范围内有一定的决定权和对所属下级的指挥权，并对自己部门的工作负全部责任。而职能机构和人员，则是直线指挥人员的参谋，不能对直接部门发号施令，只能进行业务指导。直线-职能制下配送中心组织机构设置如图1-3所示。

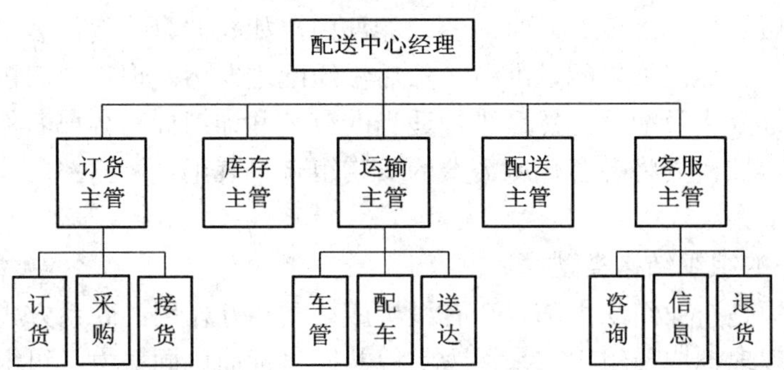

图 1-3　直线-职能制下配送中心组织机构设置

直线-职能制的优点是：既保证了企业管理体系的集中统一，又可以在各级行政负责人的领导下，充分发挥各专业管理机构的作用。其缺点是：职能部门之间的协作和配合性较差，职能部门的许多工作要直接向上层领导报告请示才能处理，这一方面加重了上层领导的工作负担；另一方面也造成办事效率低。为了克服这些缺点，可以设立各种综合委员会，或建立各种会议制度，以协调各方面的工作，起到沟通作用，帮助高层领导出谋划策。

(4) 事业部制。事业部制最早是由美国通用汽车公司总裁斯隆于 1924 年提出的，故有“斯隆模型”之称，也叫“联邦分权化”，是一种高度(层)集权下的分权管理体制。它适用于规模庞大，品种繁多，技术复杂的大型企业，是国外较大的联合公司所采用的一种组织形式。近几年我国一些大型企业集团或公司也引进了这种组织结构形式。事业部制是分级管理、分级核算、自负盈亏的一种形式。即一个公司按地区或按产品类别分成若干个事业部，每个事业部实行单独核算、独立经营，公司总部只保留人事决策、预算控制和监督大权，并通过利润等指标对事业部进行控制。

(5) 矩阵制。在组织结构上把既有按职能划分的垂直领导系统又有按产品(项目)划分的横向领导关系的结构，称为矩阵组织结构(见图 1-4)。

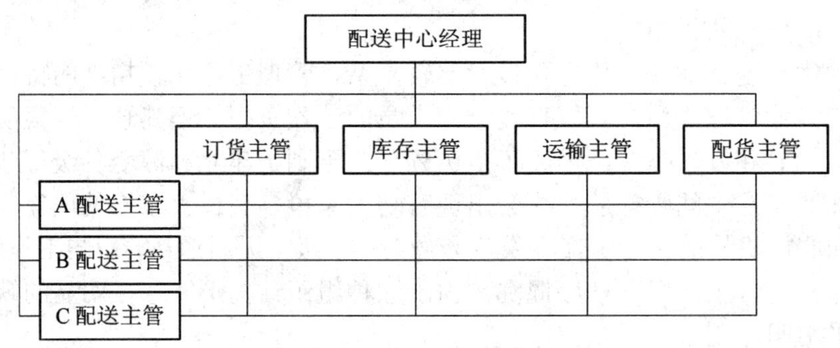

图 1-4　矩阵制下配送中心组织机构设置

矩阵制组织是为了改进直线职能制横向联系差，缺乏弹性的缺点而形成的一种组织形式。它的特点表现在围绕某项专门任务成立跨职能部门的专门机构上，例如组成一个专门的产品(项目)小组去从事新产品开发工作。在研究、设计、试验、制造各个不同阶段，由有关部门派人参加，力图做到条块结合，以协调有关部门的活动，保证任务的完成。这种组织结构形式是固定的，人员却是变动的，需要谁，谁就来，任务完成后就可以离开。项目小组和负责人也是临时组织和委任的，任务完成后就解散，有关人员回原单位工作。因此，这种组织结构非常适用于横向协作和攻关项目。

矩阵结构的优点是：机动、灵活，可随项目的开发与结束进行组织或解散。由于这种结构是根据项目组织的，任务清楚，目的明确，各方面有专长的人都是有备而来。因此在新的工作小组里，能沟通、融合，能把自己的工作同整体工作联系在一起，为攻克难关，解决问题而献计献策。由于从各方面抽调来的人员有信任感、荣誉感，使他们增加了责任感，激发了工作热情，促进了项目的实现。它还加强了不同部门之间的配合和信息交流，克服了直线职能结构中各部门互相脱节的现象。

矩阵结构的缺点是：项目负责人的责任大于权力。因为参加项目的人员都来自不同部门，隶属关系仍在原单位，只是为“会战”而来，所以项目负责人对他们管理困难，没有足够的激励手段与惩治手段。这种人员上的双重管理是矩阵结构的先天缺陷；由于项目组成人员来自各个职能部门，当任务完成以后，仍要回原单位，因而容易产生临时观念，对工作有一定影响。

矩阵结构适用于一些重大攻关项目。企业可用来完成涉及面广的、临时性的、复杂的重大工程项目或管理改革任务。特别适用于以开发与实验为主的单位，例如科学研究，尤其是应用性研究单位等。

3．配送中心的机构设置

配送中心的部门设置应该由配送中心的组织结构模式、功能、规模和作业流程来决定。配送中心一般设置如图 1-5 所示。

图 1-5 某配送中心机构设置

各部门主要工作如下：

(1) 采购或进货部：主要负责订货、采购、进货等安排及相应的事务处理，同时负责对货物的验收工作。

(2) 仓库部：负责货位安排、堆码指挥，货物的保管、拣取、养护等作业环节与管理。

(3) 搬运部：承担车辆装卸、货物搬运、堆码作业等作业。

(4) 加工部：负责按照客户的要求对货物进行包装、加工。

(5) 运输部：负责按客户的要求制订合理的运输方案，将货物送交客户，同时对配送进行确认。

(6) 配货部：负责对配送货物的拣选和组配作业进行管理。

(7) 退货部：主要负责客户、商业终端损坏、过期、滞销等有问题商品的处理工作。

(8) 客服部：负责接收和传递客户的订货信息、货物送达的信息，处理客户的投诉，受理客户的退货要求。

(9) 财务部：负责核对配送完成表单、出货表单、进货表单、库存管理表单，协调、控制、监督整个配送中心的货物流动，同时负责管理各种收费和物流收费统计、配送费用结算等工作。

(10) 信息部：主要负责配送中心计算机硬件和软件的采购、维护、管理，尤其是信息管理系统的实施与运作。

4．配送中心组织结构的发展趋势

(1) 扁平化。组织结构的扁平化就是通过减少管理层次、裁减冗余人员来建立一种紧凑的扁平组织结构，使组织变得灵活、敏捷，提高组织效率和效能。彼得·德鲁克预言：未来的企业组织将不再是一种金字塔式的等级制结构，而会逐步向扁平式结构演进。根据1988年对美国41家大型公司的调查发现，成功的公司比失败的公司平均要少4个层级。

扁平化组织结构的优势主要体现在以下几个方面：第一，信息流通畅，使决策周期缩短。组织结构的扁平化，可以减少信息的失真，增加上下级的直接联系，信息沟通与决策的方式和效率均可得到改变。第二，创造性、灵活性加强，致使士气和生产效率提高，员工工作积极性增强。第三，可以降低成本。管理层次和职工人数的减少，工作效率提高，必然带来产品成本的降低，从而使公司的整体运营成本降低，市场竞争优势增强。第四，有助于增强组织的反应能力和协调能力。企业的所有部门及人员更直接地面对市场，减少了决策与行动之间的时滞，增强了对市场和竞争动态变化的反应能力，从而使组织能力变得更柔性、更灵敏。

组织结构框架从“垂直式”向“扁平式”转化是众多知名大企业走出大而不强困境的有效途径之一。美国通用电气公司推行“零管理层”变革。杰克·韦尔奇把减少层次比喻为给通用电气公司脱掉厚重的毛衣。如在一个拥有8000多工人的发动机总装厂里，只有厂长和工人，除此之外不存在任何其他层级。生产过程中必需的管理职务由工人轮流担任，一些临时性的岗位，如招聘新员工等，由老员工临时抽调组成，任务完成后即解散。国内家电行业的知名企业长虹、海尔也不约而同地进行了企业组织结构的调整，从原来的“垂直的金字塔结构”实现了向“扁平式结构”的转化。

(2) 网络化。随着信息技术的飞跃发展，信息的传递不必再遵循自上而下或自下而上的等级阶层，就可实现部门与部门、人与人之间直接的信息交流。企业内部的这种无差别、无层次的复杂的信息交流方式，极大地刺激了企业中信息的载体和运用主体——组织的网络化发展。

相对于官僚制组织而言，网络组织最本质的特征在于强调通过全方位的交流与合作实现创新和双赢。全方位的交流与合作既包括了企业之间超越市场交易关系的密切合作，也包括了企业内部各部门之间、员工之间广泛的交流与合作关系，而且这些交流与合作是以信息技术为支撑的，并将随着信息技术的发展而得到不断的强化。当然，网络关系不能完全取代组织中的权威原则的作用，否则组织就会出现混乱。所以网络组织中的层级结构始终是需要保持的，只不过在组织结构网络化的条件下，采取的是层级更少的扁平化结构。

组织结构网络化主要表现为企业内部结构网络化和企业间结构网络化。企业内部结构的网络化是指在企业内部打破部门界限，各部门及成员以网络形式相互连接，使信息和知识在企业内快速传播，实现最大限度的资源共享。杰克·韦尔奇曾致力于公司内部的无边界化。无边界化使内部沟通畅通无阻，极大提高管理效率。企业间结构网络化包括纵向网络和横向网络。纵向网络即由行业中处于价值链不同环节的企业共同组成的网络型组织，例如供应商、生产商、经销商等上下游企业之间组成的网络。如通用汽车公司和丰田汽车公司就分别构建了一个由众多供应商和分销商组成的垂直型网络。这种网络关系打破了传统企业间明确的组织界限，大大提高了资源的利用效率及对市场的响应速度。横向网络指由处于不同行业的企业所组成的网络。这些企业之间发生着业务往来，在一定程度上相互依存。最为典型的例子是日本的财团体制，大型制造企业、金融企业和综合商社之间在股权上相互关联，管理上相互参与，资源上共享，在重大战略决策上采取集体行动，各方之间保持着长期和紧密的联系。

组织的网络化使传统的层次性组织和灵活机动的计划小组并存，使各种资源的流向更趋合理化，通过网络凝缩时间和空间，加速企业全方位运转，提高企业组织的效率和绩效。

(3) 无边界化。无边界化是指企业各部门间的界限模糊化。目的在于使各种边界更易于渗透，打破部门之间的沟通障碍，有利于信息的传送。

在具体的模式上，现在比较有代表性的无边界模式是团队组织。团队指的是职工打破原有的部门边界，绕开中间各管理层，组合起来直接面对顾客和对公司总体目标负责的以群体和协作优势赢得竞争优势的企业组织形式。这种组织成为组织结构创新的典型模式。团队一般可以分为两类：一是“专案团队”。成员主要来自公司各单位的专业人员，其使命是为解决某一特定问题而组织起来，问题解决后即宣告解散；另一类是“工作团队”。可以进一步把它分为高效团队和自我管理团队。工作团队一般是长期性的，常从事于日常性的公司业务工作。

因此，无边界思想是一种非常具有新意的企业组织结构创新思想。它完全是超国界、超制度、超阶级、超阶层的。组织作为一个整体的功能得以提高，已经远远超过各个组成部门的功能。

(4) 多元化。企业不再被认为只有一种合适的组织结构。企业内部不同部门、不同地域的组织结构不再是统一的模式，而是根据具体环境及组织目标来构建不同的组织结构。管理者要学会利用每一种组织工具，了解且有能力根据某项任务的业绩要求，选择合适的组织工具，从一种组织转向另一种组织。

(5) 柔性化。组织结构的柔性化是指在组织结构上，根据环境的变化，调整组织结构，建立临时的以任务为导向的团队式组织。组织柔性的本质是保持变化与稳定之间的平衡，它需要管理者具有很强的管理控制力。

随着信息化、网络化、全球化的日益发展，企业内外部信息共享、人才共用已成为主要特征。全球范围跨国经济的发展和企业集团的壮大，已初步形成了一种跨地区、跨部门、跨行业、跨职能的具有高度柔性化的机动团队化组织。柔性化组织最显著的优点是灵活便捷，富有弹性。因为这种结构可以充分利用企业的内外部资源，增强组织对市场变化与竞争的反应能力，有利于组织较好地实现集权与分权、稳定性与变革性的统一。除此之外，还可以大大降低成本，促进企业人力资源的开发，并推动企业组织结构向扁平化发展。美国霍尼韦尔公司为巩固客户关系，组建了由销售、设计和制造等部门参加的“突击队”。这个临时机构按照公司的要求，把产品的开发时间由四年缩短为一年，把即将离去的客户拉了回来。很显然，柔性化的组织结构强化了部门间的交流合作，让不同方面的知识共享后形成合力，有利于知识技术的创新。

(6) 虚拟化。组织结构的虚拟化是指用技术把人、资金、知识或构想网络在一个无形(指实物形态的统一的办公大厦、固定资产和固定的人员等)的组织内，以实现一定的组织目标的过程。

虚拟化的企业组织不具有常规企业所具有的各种部门或组织结构，而是通过网络技术将所需要的知识、信息、人才等要素联系在一起，组成一个动态的资源利用综合体。虚拟组织的典型应用是创造虚拟化的办公空间和虚拟化的研究机构。前者是指同一企业的员工可以置身于不同的地点，但通过信息和网络技术连接起来，如同在同一办公大厦内，同步信息交流和知识共享；后者是指企业借助于通信网络技术，建立一个与世界各地的属于或不属于本企业的研究开发人员、专家或其他协作人员联系在一起，跨越时空的合作联盟，实现一定的目标。

【小结】

配送活动是物流的重要功能要素之一。配送中心是从事配送活动的专业机构，它是伴随着生产的发展而产生、发展起来的。因其具有一系列的功能，如采购功能、集货功能、存储功能、组配功能、分拣功能、分装功能、集散功能、加工功能、衔接功能、信息交换和处理功能、增值服务功能，在整个物流过程中发挥着重要作用。配送中心的作业活动复杂多样。不同类型的配送中心作业活动内容也有所不同，大体上主要有进货入库作业活动、在库保管作业活动、加工作业活动、理货作业活动和配送作业活动。为高质量地完成各项作业活动，配送中心要建立恰当的组织机构。在建立配送中心组织机构时，一定要根据其规模、作业活动的特性，在直线制、职能制、直线-职能制、事业部制、矩阵制等多种类型中选择其一，也要适应一般企业组织机构发展的趋势，适时调整。

【关键概念】

配送中心，配送中心的功能，配送中心的特征，配送中心的定位，配送中心的组织机构。

【练习思考】

1. 配送中心的含义是什么？
2. 配送中心的特征有哪些？
3. 如何对配送中心进行定位？
4. 配送中心具有哪些功能？
5. 如何对配送中心进行分类？
6. 配送中心的组织结构类型有哪些？

实 训 实 践

走访 2～3 家配送中心，了解它们的组织结构类型，选择其中一家配送中心，掌握其配送岗位设置情况，准确绘制出配送工作人员关系图和各岗位操作流程图，记录所调研配送具体的岗位及工作职责。

实践活动步骤：

(1) 确定调研的内容。主要围绕配送中心组织结构类型，配送工作岗位设置及工作职责、配送人员工作关系及各岗位操作流程等，也可以根据具体情况进行选择或者自定。

(2) 制订调查计划。围绕调查目标，明确调查主题。确定调查的对象、地点、时间及方式并确定要收集哪些相关资料。

(3) 调查分组。调查以小组为单位，根据班级情况，每组4～6人，设一名组长。调查时带上调查工具(如笔记本、笔)，情况允许的话可以带上照相机和录音笔。

(4) 调查准备。调查之前，进行相关的资料收集并做好知识准备。

(5) 完成调研报告。

实践考评标准见表1-1。

表1-1 配送中心岗位工作关系及职责描述调研情况评价表

被考评小组		考评组调查对象	
考评时间		考评地点	
考评内容	配送中心岗位工作关系及职责调研	标准分值	考评得分
考评标准	调研内容的真实性、准确性、全面性	25	
	调研过程中是否遵守纪律，礼仪是否符合要求	20	
	调研报告是否真实地反映调研结果	15	
	调研报告能正确地绘制出配送中心岗位工作关系并能准确描述其工作职责	25	
	能够对现有岗位及工作中的问题提出合理化建议	15	
合计		100	

案例分析

沃尔玛的配送中心

物流配送是实行连锁经营不可缺少的重要组成部分。不发展物流配送，就谈不上真正的连锁经营。物流配送的水平，在一定程度上体现和决定着整个连锁企业的经营水平。有效的商品配送是保证最大销售量和最低成本的存货周转及费用的核心。而唯一使公司获得可靠供货保证及提高效率的途径就是建立自己的配送组织，包括送货车队和仓库。顾客之所以能在沃尔玛以最低的价格买到最优的产品，在很大程度上依赖于物流体系在发挥作用。沃尔玛物流配送中心通过提升其效率来降低物流及采购成本，从而进一步降低商品的价格，让利于消费者。

“我们重视每一分钱的价值，因为我们服务宗旨之一就是帮顾客省钱，每当我们省下

一块钱，就赢得了顾客的一份信任。”——山姆·沃尔顿

提倡低成本、低费用结构，以低于竞争对手价格、优于对手的服务去赢得顾客的青睐，让利给消费者，为顾客省钱，这是沃尔玛的经营思想。在物流运营过程当中，要尽可能降低成本，因为在沃尔玛降低成本之后就可以让利于消费者，这是沃尔玛的哲学，就是“以最佳服务，最低的成本，提高最高质量的服务”。

沃尔玛是怎样降低成本的呢？在很大程度上，沃尔玛物流配送中心发挥了极其重要的作用，作出了重大的贡献。下面就沃尔玛物流配送中心作简单的介绍。

一、沃尔玛物流配送中心规划的原则

沃尔玛早就清楚地意识到：物流配送中心的好处，不仅仅是使大量进货(降低采购成本)变为可能，而且通过要求供应商将商品集中大量送到沃尔玛的物流配送中心，再由沃尔玛的物流配送中心统一接收、检验、配货、送货，比让供货商将商品分散送到沃尔玛各门店更为经济，便于各门店的接收，使各门店能一次性地收到各自所需的品种，实现了多品种、大批量的低成本物流配送和销售需求。同时，集中配送还为各部门店提供了更快捷、更可靠的送货服务，并能更好地控制存货。

二、沃尔玛六大类物流配送中心

(1) 干货配送中心。该配送中心主要用于生鲜食品以外的日用商品进货、分装、储存和配送。该公司目前这种形式的配送中心数量最多。

(2) 食品配送中心。该配送中心主要配送不易变质的饮料等食品以及易变质的生鲜食品等，需要有专门的冷藏仓储和运输设施，直接送货到店。

(3) 山姆会员店配送中心。这种形式的配送中心批零结合，有 1/3 的会员是小零售商，配送商品的内容和方式同其他业态不同，使用独立的配送中心。由于这种商店 1983 年才开始建立，数量不多，有些商店使用第三方配送中心的服务。考虑到第三方配送中心的服务费用较高，沃尔玛公司已决定在合作期满后，用自行建立的山姆会员店配送中心取代。

(4) 服装配送中心。该配送中心不直接送货到店，而是分送到其他配送中心，再统一组装配套配送。

(5) 进口商品配送中心。该配送中心为整个公司服务，主要作用是大量进口以降低进价，再根据要货情况送往其他配送中心。

(6) 退货配送中心。该配送中心接收店铺因各种原因退回的商品，其中一部分退给供应商，一部分送往折扣商店，一部分就地处理。其收益主要来自出售包装箱的收入和供应商支付的手续费。

三、沃尔玛物流配送中心的作业流程

配送中心的基本流程是：沃尔玛各分店的订单信息传递到配送中心→配送中心整合后正式向供应商订货→供应商将商品送到配送中心→经过核对采购计划、进行商品检验等程序，分别送到货架不同位置存放→电脑系统给所需商品打出印有商店代号的标签→整包装的商品直接由货架上送往传送带→经传感器对标签进行识别后，自动分送到不同商店的汽车装卸口→由沃尔玛公司卡车送达各区域相关门店。

在配送中心，计算机掌管着一切。供应商将有条形码商品送到配送中心后，先经过核

对采购计划、商品检验等程序，分别送到货架的不同位置存放。当每一样商品储存进去的时候，计算机都会把它们的方位和数量一一记录下来；一旦商店提出要货计划，计算机就会查找出这些货物的存放位置，并打印出印有商店代号的标签，以供贴到商品上。整包装的商品将被直接送上传送带，零散的商品由工作人员取出后，也会被送上传送带。商品在长达几公里的传送带上进进出出，通过激光辨别上面的条形码，把它们送到该送的地方去。传送带上一天输出的货物可达 20 万箱。对于零散的商品，传送带上有一些信号灯，有红的、有黄的、有绿的，员工根据信号灯的提示就能确定商品应该被送往的商店，去取得这些商品，并将取到的商品放到一个箱子当中，以避免浪费空间。

配送中心的一端是装货平台，可供 130 辆卡车同时装货；在另一端是卸货平台，可同时停放 135 辆卡车。在装货平台，公司卡车将从传送带上出来的商品送达到其负责的各区域相关门店，每店一周约收到 1～3 卡车货物，60%的卡车在返回的途中，又捎回沿途从供应商处购买的商品(俗称为“公交车方式物流”)到物流配送中心。在卸货平台，公司卡车又将从供应商处购买的商品送进物流配送中心，在货架不同位置存放，到沃尔玛商店提出要货计划后，再通过公司卡车送达到其所在地。配送中心 24 小时不停地运转，许多商品在配送中心停留的时间总计不超过 48 小时。配送中心每年处理数亿次商品，99%的订单正确无误。这样为沃尔玛节约了大量的物流成本。

在推广使用 RFID 电子标签后，供应商按照沃尔玛配送中心发来的订单分拣好商品，交付运送。在商品通过配送中心的接货口时，RFID 阅读器自动完成进货商品盘点并输入数据库。配送中心在按照各个分店的要求进行配货后，商品被直接送上传送带装车。在商品装车发往分店的途中，借助 GPS 定位系统或者沿途设置的 RFID 监测点，就可以准确地了解商品的位置与完备性，从而准确预知运抵时间。商品运抵门店后，卡车直接开过接货口安装的 RFID 阅读器，商品即清点完毕，直接上架出售或暂时保存在门店仓库中，门店数据库中的库存信息也随之更新。商品一旦进入到 RFID 阅读器覆盖的场所，RFID 系统就自动承担起商品的电子监控功能，有效地防止商品失窃现象。由于顾客改变了购买决策而随意放置的商品，也可以通过覆盖分店的 RFID 阅读器找到由店员归位。顾客选购商品后，只需将购物车推过安装有 RFID 阅读器的收银通道，商品的计价即自动完成。随着商品减少，装有 RFID 阅读器的货架即自动提醒店员进行补货。这样，商品在整个供应链和物流管理过程中就变成了一个完全透明的体系。

四、沃尔玛物流配送中心的结构

到 21 世纪，沃尔玛的配送中心运行完全实现了自动化。每个配送中心约 10 万平方米面积，200 辆车头，400 节车厢，13 条长约 13.7 公里的激光控制的配送输送带，配送场内设有 170 个接货口，600 到 800 名员工，占地约 60 平方公里。沃尔玛的配送中心一般都设在 100 多家零售店的中央地理位置，其商圈或称为“运输半径”为 320 公里。商品有 4 万多个品种，主要是食品和日用品，从牙膏、卫生纸、玩具到电视、自行车，应有尽有。旺季库存 7000 万美元，淡季库存 4000 万美元，年周转库存 24 次。畅销品占 60%，库存超过 180 天为滞销，零售店库存为其销售的 10%。

每物流配送中心分为三个区域：收货区、拣货区和发货区。在收货区，工人用扫描器识别运输单和放在暂存区的货物上的条形码，确认匹配无误后才进入下一步处理，有的要入库，有的要直接送到发货区(称为直通作业)，以节约时间和空间；在拣货区，计算机在夜间打印出隔天需要向零售店发运的纸箱上的条形码标签。白天，拣货员打开一只只空箱，并贴上标签，然后用扫描器识读。根据标签上的信息，计算机即发出拣货指令。在货架的每个货位都有指示灯，表示哪里需要拣货及其数量，当拣货员完成拣货作业后，通过计算机就可以更新其数据库；在发货区，装满货品的纸箱经过封箱后运到自动分拣机，在全方位扫描器识别纸箱上的条形码后，计算机指令叉车把纸箱叉入相应的装车线，以便集中装车，运往指定的零售店。

沃尔玛的集中配送中心是相当大的，而且都在一层当中。之所以都是一层，而不是好几层，是因为沃尔玛希望产品能够流动。沃尔玛希望产品能够一个门进从另一个门出，如果有电梯或其他物体，就会阻碍流动过程。因此，沃尔玛所有的这种配送中心都是一个非常巨大的一层平房。沃尔玛使用一些传送带，让这些产品能够非常有效地进行流动，对它进行处理不需要重复进行，都是一次。比如说，在某某货品卸下来以后，沃尔玛要对这些产品进行一些处理。如果处理好几次，这个成本就会提高，而沃尔玛采用这种传送带，运用无缝的形式，就可以尽可能减少成本。

沃尔玛所有的系统都是基于 UNIX 系统的配送系统，采用传送带和非常大的开放式平台，还采用产品代码，以及自动补货系统和激光识别系统。所有的这些加在一起为沃尔玛节省了相当多的成本。

五、沃尔玛的自营车队

为了取得充分的灵活性，为一线商店提供最好的服务和摆脱第三方运输公司的影响，沃尔玛不失时机地扩大了自己的车队规模。沃尔玛的送货车队可能是美国最大的。为满足美国国内连锁店的配送需要，沃尔玛在国内拥有近 3 万多个大型集装箱挂车和 6000 多辆大型货运卡车，24 小时昼夜不停地工作。公司运输卡车全部安装了 GPS 卫星定位系统，调度中心在任何时候都可以掌握这些车辆及货物的情况。沃尔玛通常为每家分店的送货频率是每天一次，而凯玛特平均 5 天一次。这使得沃尔玛在其竞争对手不能及时补货时始终保持货架的充盈。一般来说，物流成本占整个销售额的 10%左右，有些食品行业甚至达到 20%或者 30%。但是，沃尔玛的配送成本仅占它销售额的 2%，而凯玛特是 8.75%，西尔斯则为 5%。灵活高效的物流配送使得沃尔玛在激烈的零售业竞争中技高一筹赢得了竞争优势。

沃尔玛使用尽可能大的卡车，采用约 16 米长的货柜，比集装箱运输卡车更长或者更高。沃尔玛的车辆都是自有的，而且这些司机也是沃尔玛的员工，这样非常有助于沃尔玛节省成本。

沃尔玛的车队大约有 5000 名非司机员工，还有 3700 多名司机。车队每周运输总里程可以达 7000 到 8000 公里。沃尔玛采用全球定位系统，来对车辆进行定位。在任何时候，调度中心都可以知道这些车辆在什么地方，离商店还有多远，同时他们也可以了解到某个产品运输到了什么地方了，还有多长时间才能运到商店。时间可以精确到小时。

六、沃尔玛物流配送中心的贡献

顾客之所以能在沃尔玛以最低的价格买到最优的产品，在很大程度上都依赖于物流体系在发挥作用，沃尔玛物流配送中心通过提升其效率来降低物流及采购成本，从而进一步降低商品的价格，让利于消费者。

沃尔玛的配送成本占它销售额的2%，而一般来说物流成本占整个销售额一般都要达到10%左右，有些食品行业甚至达到20%或者30%。另外，竞争对手一般只有50%的货物进行集中配送，而沃尔玛85%是进行集中配送的。每家店每天送一次货(竞争对手每5天一次)，可以减少商店或者零售店里的库存，这就使得零售场地和人力管理成本都大大降低。沃尔玛配送成本一直以来都低于行业平均配送水平的50%，这样成本与对手就相差很多了。

同时，沃尔玛的货架总能保持充盈。集中配送还为各门店提供了更快捷、更可靠的送货服务，实现了多品种、大批量的低成本物流配送和销售需求，并能随时准确地掌握到货时间，使门店更好地控制存货等。所有这些都使得沃尔玛享有不可替代的竞争优势，在零售业市场中拥有独特的核心竞争力，确保了其在效率和规模成本方面的竞争优势，夯实了“天天低价”的营销策略基础，也保证了全球扩张的顺利进行。

当然，沃尔玛物流配送中心正常、准确、有效的运行都是建立在沃尔玛先进完善的信息系统基础之上的。没有这些信息系统，沃尔玛物流配送中心将寸步难行。

七、沃尔玛的信息系统

在信息爆炸时代的今天，各个企业为了有效地管理并获得自己真正需求的信息，在信息系统的建设方面全方位地投入。零售连锁企业为了有效地管理它们在世界各地的分店，更是如此。作为世界上最大的公司，沃尔玛在2001年11月23日这一天就卖出了超过12.5亿美元的商品。它拥有4457个仓库，3万个供应商，每年的销售额超过2170亿美元，而这种规模的企业相当大一部分的竞争优势是由它自己开发的集中式信息系统提供的。这套信息系统不仅为沃尔玛带来了相当大的竞争优势，并且帮助公司保持了在零售业中最低的费用结构。

沃尔玛的信息系统一直领先于全球：沃尔玛最早使用计算机跟踪存货(1969年)，全面实现S.K.U.单品级库存控制(1974年)，最早使用条形码(1980年)，最早使用CM品类管理软件(1984年)，最早采用EDI(1985年)，最早使用无线扫描枪(1988年)，最早采用电子防盗系统EAS(Electron Article System)。

沃尔玛所应用的信息技术，主要包括以下几类：

(1) 数据库管理系统(Database Management System)：用于建立、使用和维护数据库。它对数据库进行统一的管理和控制，以保证数据库的安全性和完整性。用户通过DBMS访问数据库中的数据，数据库管理员也通过DBMS进行数据库的维护工作。

(2) 射频技术(Radio Frequency)：可用于物料跟踪、运载工具和货架识别。

(3) 条形码(Bar Code)：主要是对物品进行识别和描述。

(4) 自动补货系统(Automatic Replenishment)：使供应商了解其所供应的所有分门别类的货物及在其销售点的库存情况，从而自动补充各销售点的货源。

(5) 销售时点数据系统(Point of Sale)：是指通过自动读取设备在销售商品时，直接读取商品的销售信息(如商品的品名、单价、销售数量、销售时间、销售店铺、购买顾客等)，并通过通信网络和计算机传送到有关部门(如公司总部、生产部门、采购部门、供应部门等)，进行分析加工以提高经营效率的系统。

(6) 电子自动订货系统(Electronic Ordering System)：指企业间利用通信网络和终端设备，以在线联结方式，进行订货作业和订货信息交换的系统。

(7) 电子数据交换技术(Electronic Data Interchange)：主要是利用电子通信来传递数据信息，产生托运单、订单和发票，并通过供应商、配送者和客户的信息系统，得知最新的订单、存货和配送情况。

(8) 有效客户反馈技术(Efficient Customer Response)：使信息和货物的交换更快捷、更有效、更可靠，让客户有更多选择高质量、新鲜货物的机会，以提高客户的满意度和忠诚度。

(9) 快速反应技术(Quick Response)：减少商品到销售点的时间和整个供应链上的库存，最大限度地提高供应链管理的运作效率。

此外，沃尔玛早在上世纪 80 年代初期，就拥有自己的卫星通信系统。卫星通信系统可支持从支票确认到自动订货，再到传递销售信息和会计信息的所有连锁店运营领域，这样，连锁店遍布各地的电脑工作站、电子收银机、信用卡读卡器、条形码扫描装置均可互相联系。还可以监控到全集团的所有店铺、配送中心和经营的所有商品及每天发生的一切与经营有关的购销调存等信息，利用一种统一的产品代码(UPC 代码，Universal Product Code)对货品进行管理。

通过通信卫星，能实时地对销售情况、物流状况等进行监控，及时向全球沃尔玛各门店发布紧急和重要的通知，并与供应商建立联系，从而实现了快速反应的供应链管理。

正是由于建立在强大的信息系统基础之上高效运行的物流配送中心，沃尔玛才能在很大程度上提高物流运作效率，降低商品的成本，实现“天天平价”的营销策略，真正的帮顾客省钱，让利于消费者。

思 考 题

1. 我国多数配送中心与沃尔玛的配送中心在哪些方面存在差距?

2. 拥有先进配送中心的沃尔玛连锁超市和其他国际著名连锁超市在中国的竞争中为什么还处于劣势?

项目二　备货及保管作业

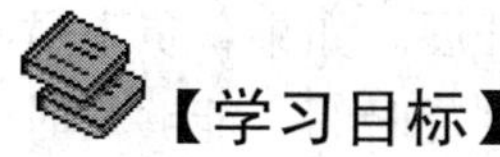

【学习目标】

1. 了解备货对配送活动的重要作用
2. 熟悉货物送达后的作业流程，掌握货品的验收方法
3. 掌握货物分类的方法和货品代码的编制方法
4. 掌握入库货物的作业流程和商品储存原则
5. 熟悉盘点作业和保管作业，了解货架储存系统

任务一　备 货 作 业

备货是配送的基本环节。客户的订单被系统处理后，其传递到第一个部门就是备货部门。

2.1.1　备货作业概述

1. 备货作业的概念

备货作业是指在接受订货指令、发出货票的同时，备货员按照发货清单在仓库内寻找、提取所需货品的作业。备货是配送的基础工作，是配送中心根据客户的需要，为配送业务的顺利实施而从事的组织商品货源和进行商品储存的一系列活动。

配送中心接到客户的订单后，必须拥有相应的足够的商品保证配送，包括具体的商品品种、商品等级、商品规格及商品数量。若配送中心是大型或综合型的“存货式配送”，可以利用现有的商品满足客户的需要，及时按客户订单进行配送；如果配送中心是小型的“订单式配送”，就必须立即组织备货人员联系供货商，组织客户所需要的货源。

虽然各配送中心组织货源的方式不同，但其备货人员都必须掌握全面的商品专业知识和采购信息，熟悉各类商品的供货渠道和供货最佳时间，在进货指令下达后，能够及时购进或补充客户所需要的商品，保证配送的按时完成。

实施“存货式配送”的配送中心，其备货作业还需要备货人员掌握相应的货物存储专业知识，更好地养护与保管储存的商品，保证储存商品的在库质量，同时运用科学的库存管理知识，监测各类库存商品的数量，及时提出补充货源的建议，做到仓库商品先进先出，随进随出，既不过量存储商品，占用资金，又能保证配送的正常进行。

2. 备货作业的作用

1) 备货可使配送中心的配送活动得以顺利开展

作为配送中心实施经营活动的基础，备货作业是配送中心各项具体业务活动的第一步。任何配送活动，如果没有相应的货物作保证，再科学的管理方法，再先进的配送设施，也无法完成配送任务，配送也变得没有任何意义，可谓“巧妇难为无米之炊”。作为“炊中之米”，备货业务开展的好坏，直接影响配送活动和其他后续活动的开展。如果备货人员拥有各类商品的供货信息，熟悉各种供货商的供货能力、供货成本、供货时间，能够及时地按照客户的订单组织货源，根据企业的需求补充库存，就可使企业的配送业务顺利地开展下去，通过良好的配送服务赢得客户的认可，获得良好的企业信誉，为企业的进一步发展打下基础。

2) 备货可以使社会库存结构合理，降低社会总成本

生产企业的原材料、零部件及产成品由配送中心统一提供，可使生产企业用于购买原材料、零部件及进行销售的资金有所减少，进而降低了企业的生产总成本，使企业的产品在市场上更具有竞争力。同时企业不需要投入过多的人力、物力用于原料的购进和产成品的储运，企业可以拥有更多的生产能力和市场销售能力，可以生产出更多更好的产品销售到更广泛的地区。

配送中心的出现，为企业的发展创造了更大的空间，使“零库存”成为可能。但订单的多少，与企业的备货能力有直接关系。企业备货能力强，能够根据市场的需要，客户的要求，及时、准确、保质保量地将产品安全配送到指定地点，就会赢得客户、赢得市场，同时也使自己获得利益。

3) 备货可使配送中心节约库存空间，减少配送成本，增加经济效益

通过科学的备货方式，配送中心可以确定适当的库存商品数量、合理的库存结构。在减少不必要库存占用的前提下，使库存成本下降，从而降低产品的配送成本。与此同时，由于调整了库存结构，剔除了不合理的库存占用，使企业拥有了扩大业务的空间。新业务的增加，又增强了企业适应市场变化的能力，从而提高了企业的整体经济效益。

2.1.2 备货作业流程

在配送的基本作业流程中，备货作业流程可划分为制订备货作业计划、商品送达、卸货、收货、货品编号标示、货物分类、核对有关单据和信息、货品验收和处理进货信息环节。其中备货作业流程是根据采购计划确定备货目标以及订货，等货物到达后，进行卸货和拆装并进行货物分类，检查单据和传票等文件，在备货单上记录备货情况，对货物验收检查，指派入库位置，并在物流系统中做收货处理，同时做出新的采购计划。备货作业流程如图 2-1 所示。

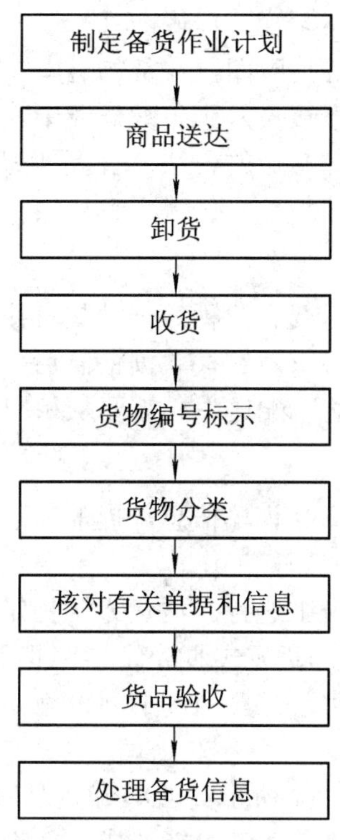

图 2-1　备货作业流程

1．制定备货作业计划

配送中心商品备货作业计划是根据仓储保管合同和商品供货合同来编制商品入库数量和入库时间进度的计划。它的主要内容包括进库商品的品名、种类、规格、数量、入库日期、所需仓容、仓储保管条件等。仓库计划人员在对各备货作业计划进行分析的基础上，编制出具体的入库工作进度计划，并定期和业务部门联系，做好进货计划的进一步落实工作，随时做好商品入库的准备工作。

在整个备货计划中，重点是安排好以下两方面的准备工作。

1) 储位准备

为了保证入库货物既有地可放又位置清楚，就需要在入库之前，根据备库商品的品名、数量、储存时间，结合商品堆码的要求，核算货位面积，确定存放的具体位置，可以通过四号定位法等储位标示法明确货物的存放位置。

配送中心一般有托盘、箱子、小包三种储存方式。卡车备货同样也通过此三种形式与储存作业有效衔接，大致可分为以下三种形式。

(1) 若备货与储存同单位，则备货输送机直接将货品运至储存区。

(2) 若储存以小包为单位，但备货是以托盘、箱子为单位，或储存以箱子为单位，但备货是以托盘为单位，则必须于备货点卸栈或拆装。先是以自动托盘卸货机拆卸托盘上的货物，再拆箱将小包放在输送机上运至储存区。

(3) 若储存以托盘为单位，但备货是以小包或箱子为单位，或储存以箱子为单位，但备货以小包为单位，则小包或箱子必先堆叠在托盘上或小包必先装入箱子后再储存。

2) 设备准备

为了提高备货的效率，减少等待时间，在货物进库之前，应事先把货物备货作业所需的设施设备准备好，等货物到来直接投入到备货作业中。根据入库商品的种类、包装、数量等情况，确定检验、计量、装卸搬运的方法，合理地配置好商品检验和计量器具及装卸搬运、堆码设备及必要的防护用品。

2．商品送达

商品送达到配送中心的方式主要有两种：一种是直接送达，对直接送达配送中心的商品，配送中心要及时组织卸货并在核对有关单据信息后安排入库；另一种是通过铁路、公路、水路等公共运输方式转运送达，配送中心需要从相应站港接运商品然后再组织入库。

3．卸货

商品送达后，接运员需根据商品订单信息，提前与运输商沟通，准备好接运和卸货器具，如叉车、托盘等，做好接货和卸货工作。

配送中心卸货一般在收货站台上进行。送货方到指定地点卸货，并将抽样商品、《送货凭证》、《增值税发票》交验；卸货方式通常有人工卸货、输送机卸货和码托盘叉车卸货。

为安全与方便起见，卸货时常常需要用到下列设施。

(1) 可移动式楔块。

可移动式楔块又叫竖板(如图 2-2 所示)，当装卸货品时，可放置于卡车或拖车的车轮旁固定，以避免装卸货期间车轮意外地滚动可能造成的危险。

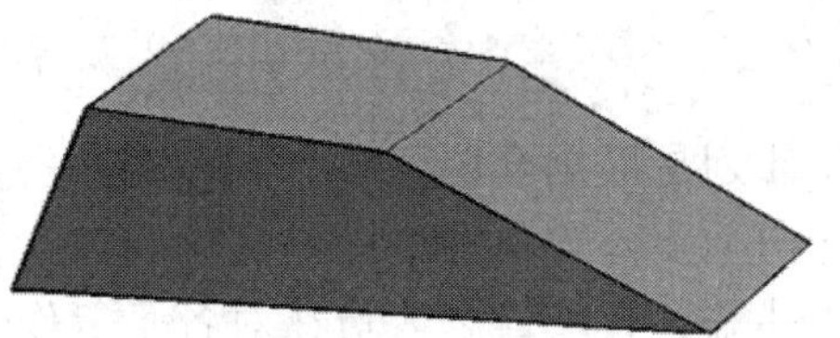

图 2-2　可移动式楔块

(2) 升降平台。

最安全也最有弹性的卸货辅助器应属升降平台，升降平台分为卡车升降平台(如图 2-3 所示)及码头升降平台(如图 2-4 所示)两种。当配送车到达时，以卡车升降平台而言，可提高或降低车子后轮使得车底板高度与月台一致，而方便装卸货；若以码头升降平台而言，则可调整码头平台高度来配合配送车车底板的高度，因而两者有异曲同工之效。

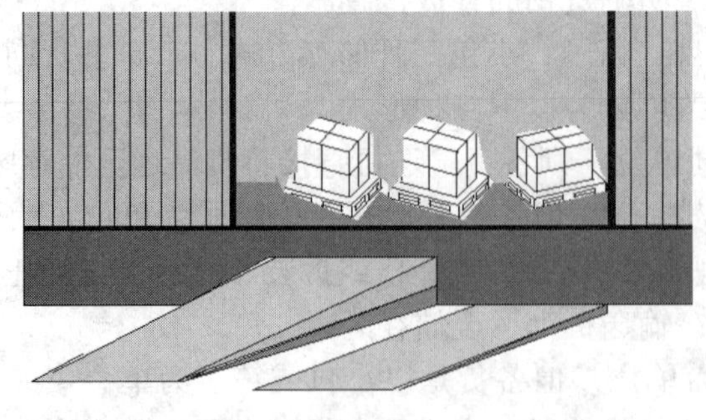

图 2-3　卡车升降平台

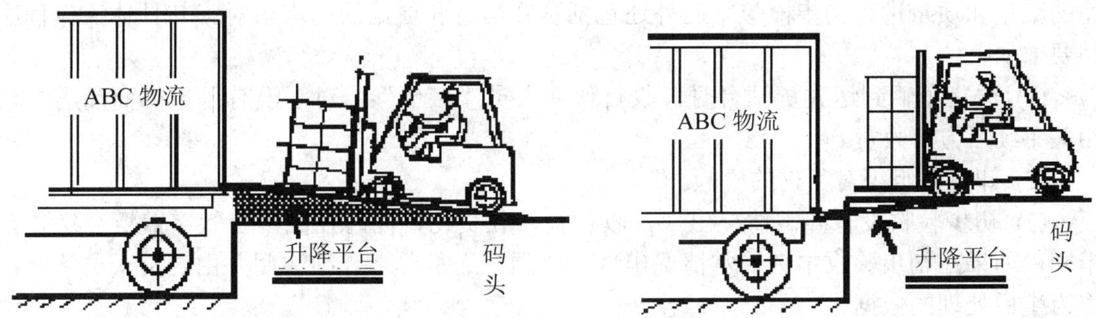

图 2-4　码头升降平台

(3) 车尾附升降台。

车尾附升降台装置于配送车尾部的特殊平台。当装卸货时，可用此平台将货物装上卡车或卸至月台，如图 2-5 所示。车尾附升降平台可延伸至月台，亦可倾斜放至地面，其设计有多种样式，适于无月台设施的物流中心或零售点的装卸货使用。

图 2-5　车尾附升降台

(4) 吊钩。

当拖车倒退入码头碰到码头缓冲块时，码头设施即开动吊钩(如图 2-6 所示)，使其勾住拖车，以免装卸货时轮子打滑，其功用有如移动式楔块，亦可用链子等代替吊钩。

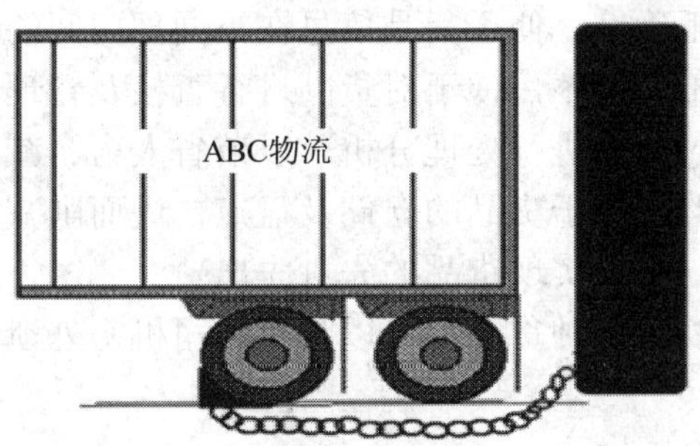

图 2-6　吊钩

除了使用以上四种设施来克服车辆与月台间的间隙外，若车辆后车厢高度原即与码头月台同高，则可考虑直接将车辆尾端开入停车台装卸货的方式，不但可让车辆与月台更紧密结合，使得装卸作业方便有效率，且对于货品安全也更能发挥保护效果。

4．收货

卸货作业完成后，配送中心应迅速组织人员进行收货操作。收货作业不仅包括了对货物的数量和质量进行初步检验，此外还包括货物信息和单据的初步核对。其具体操作程序和要求如下：

(1) 送货车辆到达收货站台时，收货作业人员“接单”，对于没有预报的商品需办理相关手续后方可收货。

(2) 卸货并组织对货物的检验。

(3) 初步验收没有异常情况出现，收货员接收货物，同时在回单上签字盖章交送货车带回。如果在初步验收中有异常情况出现，必须在送货单上详细注明并由送货人员签字，作为事后处理的依据。

(4) 收货检验在商品配送工作中具有相当重要的地位。所以要求每一个收货作业人员在工作中做到忙而不乱、认真核对；一定要眼快手勤，机动灵活地选择验收方法；要熟悉商品知识；发现件数不符的情况，必须查明原因，按实际情况纠正差错。

5. 货物编码

进货入库是配送的第一阶段，为使后续作业顺利进行，对入库资料的掌握特别重要。如进货日期、进货单号码、供货商、送货车的名称及型号；货到时间、卸货时间、包装容器的型号、尺寸和数量；每个包装容器中的货物数量、总重量、目的地的进货检查和储存；以及损坏数量和应补货数量等。这些信息应尽可能用统一、简单和易查询的方式进行归集和整理。货物编码就是一种较好的方式。

所谓货物编码，就是将货品按其分类内容加以有次序的编排，并用简明的文字、符号或数字代替货品的名称、类别及其他有关信息。配送中心在进货后，商品本身大部分都已有商品号码及条码单，为了便于物流管理及存货控制，配合其自身的物流管理信息系统，通常需要给商品编制统一的货物代号及物流条码，以方便仓储管理系统的运作，并能掌握货物的动向。

1) 货物编码的作用

货品经过编码，可以提高作业或管理的标准化水平及作业效率。货物编码的作用如下：

(1) 提高货品资料的正确性，便于货品信息在不同部门间的传递及共享。

(2) 提高货品移动的工作效率，便于对货品进行查核及管理。

(3) 可以利用计算机对货品进行处理分析，以节省人力、减少开支、降低成本。

(4) 可以防止重复订购，易于货品的仓储及盘点，进而削减库存。

(5) 便于进货和发货，可以实现货品的先进先出。

(6) 利用编码代码来表示各种货品，可以防止公司机密外泄。

2) 货物编码的原则

为确保货物编码的科学性与实用性，货物编码应遵循如下原则：

(1) 简易性：将货品化繁为简，使编码便于货品活动的处理。

(2) 完全性：确保每一项货品都有一种编码代替。

(3) 单一性：每一个编码只能代表一项货品。

(4) 一贯性：编码应统一且具有连贯性。

(5) 充足性：编码所采用的文字、符号或数字，必须有足够的数量以满足需求。

(6) 扩充弹性：为未来货品的扩展及产品规格的增加预留编码，使编码能按照需要自由延伸或随时从中插入。

(7) 组织性：编码需经过科学组织，以便存档或查询相关资料。

(8) 易记性：应选择易于记忆的文字、符号或数字来编码，编码应富于暗示性和联想性。

(9) 分类展开性：若货品过于复杂而使编码庞大，则应使用渐进分类的方式做层级式的编码。

(10) 实用性：编码应考虑与事务性机械或计算机的配合，提高货品编码的应用管理效率。

3) 货物编码的结构

编码是表示特定事物或概念的一个或一组字符，通常是阿拉伯数字、拉丁字母或便于记忆和处理的符号。其基本结构包括：

(1) 编码长度：一个代码中所包含的有效字符的个数。

(2) 编码顺序：代码字符排列的逻辑顺序。

(3) 编码基数：编制代码时所选用的代码字符的个数，如数字代码的字符为 0～9，基数是 10。

4) 货物编码的种类及编码方法

商品代码的种类很多，常见的有无含义代码和有含义代码。无含义代码通常可以采用顺序码和无序码来编排；有含义代码则通常是在对商品进行分类的基础上，采用序列顺序码、数值化字母顺序码、层次码、特征组合码及复合码等编排。不同的代码，其编码方法不完全一样，在配送中心商品编码中，常见的方法如下：

(1) 顺序码。顺序码又称流水编码法，即将阿拉伯数字或英文字母按顺序往下编码。其优点是代码简单，使用方便，易于延伸，对编码对象的顺序无任何特殊规定和要求。缺点是代码本身不会给出任何有关编码对象的其他信息。在物流管理中，顺序码常用于账号及发票编号等。在少品种多批量配送中心也可用于商品编码，但为使用方便，必须配合编号索引。

(2) 层次码。层次码是以编码对象的从属层次关系为排列顺序组成的代码。编码时将代码分成若干层次，并与分类对象的分类层级相对应，代码自左至右表示的层级由高到低，代码的左端为最高位层级代码，右端为最低位层级代码，每个层级的代码可采用顺序或系列顺序码。

例如：1010050312 表示的意义如表 2-1 所示。

表 2-1　层次码编号法举例

层级	大类	小类	品名	形状	规格
编码	1	01	005	03	12
含义	食品	饮料	可口可乐	圆瓶	450ml

层次码的优点是能明确表明分类对象的类别，有严格的隶属关系，代码结构简单，容量大，便于计算机统计。但其层次较多，代码位数较长。

(3) 实际意义编码。实际意义编码是根据商品的名称、重量、尺寸以及分区、储位、保存期限或其他特性的实际情况来考虑编号。这种方法的特点在于通过编号即能很快了解商品的内容及相关信息。例如：F04915 B1 表示的意义如表 2-2 所示。

(4) 暗示编码。暗示编码是用数字与文字的组合编号，编号暗示货物的内容和有关信息。例如：BY005WB10 表示的意义如表 2-3 所示。

表 2-2　实际意义编码法举例

编　　码		意　　义
FO4915B1	FO	表示 FOOD，食品类
	4915	表示 4×9×15(商品外包装尺寸)
	B	表示 B 区(货物储存区号)
	1	表示第一排料架

表 2-3　暗示编码法举例

属性	货物名称	尺寸	颜色与形式	供应商
编码	BY	005	WB	10
含义	自行车	大小为 5 号	白色、小孩型	供应商为 10 号

6. 后位数编码

后位数编码是运用编号末尾的数字，来对同类货品作进一步的细分，也就是从数字的层级关系看货品的归属类别，如表 2-4 所示。

表 2-4　后位数编码法举例

编　　号	货 物 类 别
531	休闲食品
531.1	箱装休闲食品
531.11	洋芋片
531.12	鱿鱼丝

7. 分组编号

分组编号是按商品的特性分成多个数字组，每一数字组代表该项商品的一种特性。例如，第一数字组代表商品的类别，第二数字组代表商品的形状，第三数字组代表商品的供应商，第四数字组代表商品的尺寸。至于每一个字组的位数要多少，视实际情况而定，如表 2-5 所示。

表 2-5　分组编码法举例

商品	类别	形状	供应商	尺寸	意义
编号	07				饮料
		5			圆筒
			006		统一
				110	4×9×15

为识别货品而使用的编码标识可置于容器、零件、产品或储位上，让作业人员很容易地获得信息。一般来说，容器及储位的编码标识有其特定的使用目的，它能被永久地保留；

而零件或产品上的编码标识则具有一定的弹性，如可以增加物件号码或者制造日期、使用期限等，以方便出货的选择。

8．货物分类

货物分类是按照商品的性质或特征(称分类标志)，将商品群体科学、系统地逐次划分为门类(大类、中类、小类，以上统称类别)、品种以及规格、花色等细目的过程。商品分类中的“类”是根据商品的共同性质或待征进行归纳并依次划分的总称；“品种”是商品分类中具体反映的商品名称；商品分类中的“细目”是以不同的花色、规格等明显标志对商品品种的详细区分。

随着科学技术的进步、社会主义市场经济的发展，商品种类日益增多。仅商品流通部门所经营的商品就达几十万种，包括农业、林业、牧业、副业、水产、轻工、纺织、石油、煤炭、化工、机械和电子等各个行业生产的商品。它们不仅品种繁多，而且性质各异，质量有差别，在用途及保管养护方法上也不相同。因此，配送中心为了防止货损货差，便于经营管理，实现商品流通顺畅，有必要进行科学的商品分类，并逐步形成完整的商品分类体系。

1) 货物分类的原则

(1) 分类应根据自身需要，按照统一标准，有系统地从大类至小类进行区分，切忌流于空想。

(2) 分类应明确且相互排斥，不能相互交叉。

(3) 分类应具有普遍性，即覆盖所有参加分类的商品，适用范围广泛。

(4) 分类应具有不变性，一经确定后不可随意更改，以免造成货物混乱。

(5) 分类应具有伸缩性，以便增补新货。

2) 货物分类的流程

(1) 通过条码读取机读取箱子上的物流条形码，依照品项做出第一次分类，再决定归属上层或下层的存储输送线。

(2) 上、下层的条码读取机再次读取条码，并将箱子按各个不同的品项，分门别类到各个储存线上。

(3) 在每条储存线的切离端，箱子堆满一只托盘的分量后，一长串货物即被分离出来。

(4) 当箱子组合装满一层托盘时，就被送入中心部。

(5) 箱子在托盘上一层层地堆叠，直到预先设定的层数后完成分类。

(6) 操作员用叉式堆高机将分好类的货物依次运送到储存场所。

3) 货物分类的方法

(1) 按货物特性分类。

(2) 按货物使用目的、方法及程序分类，如将需要配送加工的货物划分为一类，直接原材料划分为一类，间接原料划分为一类。

(3) 按交易行业分类。

(4) 按照会计科目分类，如将价值高的货物划分为一大类，价值低廉的货物划分为一大类。

(5) 按照货物状态分类，如货物的内容、形状、尺寸、颜色及重量等。

(6) 按照货物信息分类，如货物送往的目的地、客户等。

大体来说，出货前的分类方式以第(6)种为最多，而进货的分类则不一定，视公司的情况、性质及要求来选择。

9．核对有关单据和信息

在对送达商品进行验收之前，首先要针对商品的有关单据和信息进行核对。

进货商品通常都有采购订单、采购进货通知及供应方开具的出仓单、发票、磅码单、发货明细表等单据，有些商品还有随货同行的商品质量保证书、材质证明书、合格证、装箱单等。

商品送达后，除组织卸货和进行验收外，收货作业人员还应核对货物是否与单据反映的信息相符。经检查准确无误后，收货作业人员方可在厂商发货单上签字将商品入库，并及时登录有关入库信息，转达采购部，经采购部确认后开具收货单，从而使已入库的商品及时进入可配送状态。

10．商品验收

商品的验收主要是对货品数量、质量和包装的验收，即检查入库商品数量是否与订单资料或其他凭证相符合，规格、型号有无差异，商品质量是否符合规定的要求，物流包装能否保证商品储运和运输的安全，销售包装是否符合要求等。

实际验收包括品质检验和数量点收双重任务。验收工作的进行，有三种不同的方式：第一种情形是先点收数量，再由质检部门检验货品品质；第二种情形是先由质检部门检验货品品质，检验合格后，再通知仓储部门，办理收货手续，填写收货单；第三种情形是由仓储部门直接负责“品质检验”和“数量点收”。

收货检验是商业物流工作中的一个重要环节。验收的目的是保证商品能及时、准确、安全地发运到目的地。供应商送来的商品来自各工厂和仓库，在送货过程中相互有个交接关系，验收的目的之一在于与送货单位分清责任；其次在商品运输过程中，因种种原因，可能会造成商品溢缺、损坏，包括大件溢缺，更应供需双方当面查点交接，分清责任。

1) 货物验收前的准备工作

根据供应商的送货预报，在计算机终端内输入这些商品的条形码以及本日到货的所有预报信息。收货人员要根据各种不同的来货方式，摸清送货规律并利用预报信息以及能够掌握到的资料，安排好足够空间的收货场地和叉车等搬运机械，使到达的商品能及时卸车堆放；准备好收货所需的空托盘，让商品直接卸载托盘上；预备好有关用具，避免临时忙乱；一般应准备好收货回单图章、存放单据盒、物流条形码以及包装加固的材料工具等。

2) 商品验收的标准

验收商品时，可根据下列几项标准进行检验：

(1) 采购合约或订购单所规定的条件。

(2) 以比价议价时的合格样品为依据。

(3) 采购合约中的规格或者图解。

(4) 各种产品的国家品质标准。

3) 商品验收的要求和方法

商品验收是交接双方划分责任的界限，要实现把完好的商品收进来的目标。为此，必须要经过商品条形码、商品数量、商品质量、商品包装四个方面的验收。

(1) 商品条形码验收。在作业时要抓住两个关键：一是检验该商品是否是有送货预报的商品；二是验收商品的条形码与商品数据库内已登录的资料是否相符。

(2) 数量验收。数量验收包括点件查数、抽验查数和检斤换算等方法。

① 点件查数法。这是把商品按件、只、台等计量的验收方法，即对商品逐件、逐只、逐台进行点数后加总求值。

② 抽验查数法。这是把商品按一定比例开箱验件的方法，一般适合批量大、定量包装的商品。

③ 检斤换算法。通过重量过磅换算该商品的数量，适合商品标准和包装标准的情况。

(3) 质量验收。对于一般的商品来说，由于交接时间短促和现场码盘等条件的限制，在收货点验时一般只能用"看"、"闻"、"听"、"摇"、"拍"、"摸"等感官验收方法，检查范围也只能是包装外表。在进行感官检验时要注意以下几点：

① 在验收流汁商品时，应检查包装箱外表有无污渍(包括干渍和湿渍)。若有污渍，必须拆箱检查并调换包装。

② 在验收玻璃制品(包括部分是玻璃制作的制品)时，要件件摇动或倾倒细听声响。这种验收方法是使用"听"的方法，经摇动发现破碎声响，应当场拆箱检查破碎细数和程度，以明确交接责任。

③ 在验收香水、花露水等商品时，除了"听声响"外，还可以在箱子封口处"闻"一下。如果闻到香气严重刺鼻，可以判定内部商品必定有异状，即使开箱检查内部没有破碎，也至少是瓶盖密封不严。一般经过较长时间储存或运输中的震动，香水、花露水等流汁商品难免会外溢损耗。

④ 在验收针棉织品等怕湿商品时，要注意包装外表有无水渍。

⑤ 在验收有有效期商品时，必须严格注意商品的出厂日期，并按照连锁超市公司的规定把关，防止商品失效和变质。

对于一些特殊的商品，比如生鲜类商品，除使用上述方法进行质量验收外，有时还需要进行物理和化学性质的检验。这类物理和化学性质的检验必须有专业人员、使用专业设备根据相关的标准进行。另外还涉及抽样的问题。具体的内容这里就不做进一步地阐述了。

(4) 包装验收。包装验收的目的是为了保证商品在运行途中的安全。物流包装一般在正常的保管、装卸和运送中，经得起颠簸、挤轧、摩擦、叠压、污染等影响。在包装验收时，应具体检查：纸箱封条是否破裂、箱盖(底)摇板是否粘牢、纸箱内包装或商品是否外露、纸箱是否受过潮湿等。

11. 处理信息

商品验收完毕，必须对信息进行处理。

1) 登录货物信息

(1) 填写验收单。商品经验收确认后，必须填写验收单，并将有关入库信息及时准确地登入库存商品信息管理系统，以便及时更新库存商品的有关数据。验收单样本如表2-6所示。

表 2-6　验　收　单

<table>
<tr><td colspan="2">供货商</td><td></td><td colspan="2">采购订单号</td><td colspan="4"></td></tr>
<tr><td colspan="2">运单号</td><td></td><td colspan="2">验收员</td><td></td><td colspan="2">验收日期</td><td></td></tr>
<tr><td colspan="2">运货日期</td><td></td><td colspan="2">到货日期</td><td></td><td colspan="2">复核员</td><td></td></tr>
<tr><td>序号</td><td>储位号码</td><td>货物名称</td><td>货物规格型号</td><td>货物编码</td><td>包装单位</td><td>应收数量</td><td>实收数量</td><td>备注</td></tr>
<tr><td></td><td></td><td></td><td></td><td></td><td></td><td></td><td></td><td></td></tr>
<tr><td></td><td></td><td></td><td></td><td></td><td></td><td></td><td></td><td></td></tr>
<tr><td></td><td></td><td></td><td></td><td></td><td></td><td></td><td></td><td></td></tr>
</table>

(2) 记录相关资料。入库货物信息通常需要录入以下内容：

商品的一般特征，通常包括商品名称、规格、型号、商品的包装单位、包装尺寸、包装容器及单位重量等；商品的原始条码、内部编号、备货入库单据号码，以及商品的储位；商品的入库数量、入库时间、进货批次、生产日期、质量状况、商品单价等；供应商信息，包括供应商名称、编号、合同号等。

2) 搜集和处理辅助信息

备货作业中，有许多因素会对进货产生直接影响。以下信息是影响备货系统设计的主要因素：

(1) 商品的一般特征和数量分布。

(2) 商品的包装尺寸、容器、单重的分布状况。

(3) 每一时段内进货批次的分类。

(4) 卸货方法及所需时间。

(5) 入库的场所。

因此需要搜集这些信息来满足作业要求。

任务二　保 管 作 业

保管作业的主要任务是对将来要使用或者要出货的物料进行保存。仓储部门在货物保管期间要对货物进行经常性的库存品质的检查控制，不仅要善于利用空间，也要注意存货的管理。尤其是配送中心与传统仓库的营运形态不同，保管更要注意空间运用的弹性及存量的有效控制。

商品保管作业主要包括商品储存保管和盘点检查。

2.2.1　商品保管作业

1．保管作业的一般原理及目标

1) 保管作业的一般原理

依照货品特性来保管，大批量使用大储区，小批量使用小储区；能安全有效率地使适合储于高位的货品使用高储区，笨重、体积大的货品储存在较坚固的层架及接近出货区；轻量品储存于有限的载荷层架；将相同或相似的货品尽可能接近储放；出库量慢的货物或小、轻及容易处理的品项使用较远的储区；周转率低的物品尽量远离进货、出货及仓库较高的区域；周转率高的物品尽量放于接近出货区及较低的区域；服务设施应选在低层楼区等。

2) 保管作业的目标

(1) 空间的最大化使用。这样能够有效地利用空间，减少库房的闲置与空间的浪费。

(2) 劳力及设备的有效使用。物尽其用，追求运营成本的最小化。

(3) 所有货品都能随时存取。因为保管会增加商品的时间值，因此要能做到一旦有需求时，可以立即开始工作及良好的库房布置。

(4) 货品的有效移动。在储区内进行的大部分活动是货品的搬运，需要多数的人力及设备来进行物品的搬进与搬出。因此，人力与机械设备操作应保证安全，并有效快捷。

(5) 货品品质良好的保护。因为保管作业的目的是保存货品直到被要求出货的时刻，所以在保管时必须保持在良好条件下。

(6) 良好的管理。畅通的通道、干净的地板、适当且有次序的储存及安全的运行，将有效提高工作效率和工作士气(生产率)。

2．保管作业的策略

保管策略主要在于拟订储位的指派原则。良好的保管策略可以减少出入库移动的距离，缩短作业时间，甚至能够充分利用储存空间。

一般常见保管策略如下。

1) 定位储放

在定位储放时，每一项保管货品都有固定储位，货品不能互用储位。因此，必须规划每一项货品的储位容量，不得小于其可能的最大在库量。

选用定位储放主要有以下5方面的原因：

(1) 储区安排考虑了物品尺寸及重量(不适随机储放)。

(2) 保管条件对货品储存非常重要。例如，有些品项必须控制温度。

(3) 易燃物必须限制储放于一定高度以满足保险标准及防火法规。

(4) 由管理或其他政策指明某些品项必须分开储放。例如饼干和肥皂，化学原料和药品必须分开存放。

(5) 保护重要物品。

一般来说定位储放具有以下优缺点：

(1) 定位储放的优点：每项货品都有固定储放位置，拣货人员容易熟悉货品储位；货品的储位可按周转率大小(畅销程度)安排，以缩短出入库搬运距离；可针对各种货品的特性作储位的安排调整，将不同货品特性间的相互影响减至最小。

(2) 定位储放的缺点：储位必须按各项货品的最大在库量设计，因此储区空间平时的使用效率较低。

总的来说，定位储放容易管理，所需的总搬运时间较少，但却需要较多的储存空间。此策略较适用于库房空间大、多种少量商品的储放等情况。

2) 随机储放

在随机储放时，每一个货品被指派储存的位置都是经由随机的过程所产生的，而且可经常改变。也就是说，任何品项可以被存放在任何可利用的位置。

此随机原则一般是由储存人员按习惯来储放，且通常可与靠近出口法则联用，按货品入库的时间顺序储放于靠近出入口的储位。

(1) 随机储放的优点：由于储位可共用，因此需要按所有库存货品最大在库量设计，储区空间的使用效率较高。

(2) 随机储放的缺点：进行货品的出入库管理及盘点工作的困难度较高；周转率高的货品可能被储放在离出入口较远的位置，增加了出入库的搬运距离；具有相互影响特性的货品可能相邻储放，造成货品的伤害或发生危险。

一个良好的储位系统中，采用随机储放能使料架空间得到最有效的利用，因此储位数目得以减少。由模拟研究显示出，随机储放系统与定位储放比较，可节省 35%的移动储存时间及增加 30%的储存空间，但较不利于货品的拣取作业。因此随机储放较适用于下列两种情况：库房空间有限，需尽量利用储存空间；种类少或体积较大的货品。

3) 分类储放

在分类储放时，所有的储存货品按照一定特性加以分类，每一类货品都有固定存放的位置，而同属一类的不同货品又按一定的法则来指派储位。分类储放通常按产品的相关性、流动性、尺寸、重量、特性来分类。

(1) 分类储放的优点：便于畅销品的存取，具有定位储放的各项优点；各分类的储存区域可根据货品特性再作设计，有助于货品的储存管理。

(2) 分类储放的缺点：储位必须按各项货品最大在库量设计，因此储区空间平均的使用效率低。

分类储放较定位储放具有弹性，但也有与定位储放同样的缺点。因而较适用于以下情况：产品相关性大者，经常被同时订购；周转率差别大者；产品尺寸相差大者。

4) 分类随机储放

在分类随机储放时，每一类货品有固定存放的储区，但在各类储区内，每个储位的指派是随机的。

(1) 分类随机储放的优点：具有分类储放的部分优点，又可节省储位数量，提高储区利用率。

(2) 分类随机储放缺点：进行货品出入库管理及盘点工作的困难度较高。

分类随机储放兼有分类储放及随机储放的特色，需要的储存空间量介于两者之间。

5) 共同储放

在确定知道各货品的进出仓库时刻，不同的货品可共用相同储位的方式称为共同储放。共同储放在管理上虽然较复杂，但所需的储存空间及搬运时间却更经济。

3．储位指派原则

保管策略是储区规划的重要内容，只有配合储位指派法则才能决定储存作业实际运作的模式。而跟随着保管策略产生的储位指派法则，可归纳出如下几项：

1) 靠近出口法则

将刚到达的商品指派到离出入口最近的空储位上。

2) 以周转率为基础法则

按照商品在仓库的周转率(销售量除以存货量)来排定储位。首先依周转率由大自小排出一个序列，再将此序列分为若干段，通常分为三至五段。同属于一段中的货品列为同一级，依照定位或分类储存法的原则，指定储存区域给每一级的货品。周转率愈高应离出入口愈近。

另外，当进货口与出货口不相邻时，可按照进仓、出仓次数来做存货空间的调整。如表2-7中，A、B、C、D、E为5种货品进出仓库的情况。当出入口分别在仓库的两端时，可依货品进仓及出仓的次数比率，来指定其储存位置。

表2-7　5种货品进出仓库的情况

货　品	进仓次数	出仓次数	进仓次数/出仓次数
A	40	40	1.0
B	67	67	1.0
C	250	125	2.0
D	30	43	0.7
E	10	100	0.1

3) 物品相关性法则

物品相关性大小可以利用历史订单数据做分析，对物品相关性较大者在订购时可以经常被同时订购，所以应尽可能存放在相邻位置。物品相关性储存的优点有缩短提取路程，减少工作人员疲劳，简化清点工作。

4) 物品同一性法则

所谓同一性的法则，是指把同一物品储放于同一保管位置的原则。这种将同一物品保管于同一场所来加以管理的方式，比较有管理效果。

物流中心的储位指派法则建立一个能让作业人员对于物品保管位置熟知，并且对同一物品的存取花费最少搬运时间的系统，是提高物流中心作业生产力的基本原则之一。因而，当同一物品散布于仓库内多个位置时，物品在储放、取出等作业是非常不便的，就是在盘点以及作业人员对料架物品掌握程度等方面都可能造成困难。因而，同一性的法则是任何物流中心都应确实遵守的重点原则。

5) 物品类似性法则

类似性的原则是指将类似物品比邻保管的原则，这个法则是根据与同一性原则同样的观点而来的。

6) 物品互补性法则

互补性高的物品也应存放于邻近位置，以便缺料时可迅速以另一品项来替代。

7) 物品相容性法则

相容性低的物品绝不可放置一起，以免损害品质。如烟、香皂、茶不可放在一起。

8) 先进先出法则

所谓先进先出是指先保管的物品先出库，一般适用于寿命周期短的商品。例如：感光纸、软片、食品等。

先进先出作为库存管理的手段是必需的，但是如果在产品形式变化少、产品寿命周期长以及保管时的减耗、破损等不易产生等情况时，则需要考虑先进先出的管理费用及采用先进先出所得到的利益，将两者之间的优劣点比较后，再来决定是否要采用先进先出法则。

9) 叠高的法则

叠高是像堆积木般将物品叠高。以物流中心整体有效保管的观点来看，提高保管效率是必然的事，而利用栈板等工具来将物品堆高的容积效率要比平置方式来的高。

但需注意的是，如果在诸如一定要先进先出等库存管理限制条件很严时，一味地往上叠并非最佳的选择。应要考虑使用合适的料架或积层架等保管设备，以使叠高原则不至影响出货效率。

10) 面对通道的法则

面对通道就是物品面对通路来保管，将可识别的标号、名称让作业人员容易简单地辨识。为了使物品的储存、取出能够容易且有效率地进行，物品就必须要面对通道来保管，这也是使物流中心内能流畅进行及活性化的基本原则。

11) 产品尺寸法则

在仓库布置时，要同时考虑物品单位大小以及由于相同的一群物品所造成的整批形状，以便能提供适当的空间满足某一特定需要。所以在储存物品时，必须要有不同大小位置之变化，用以容纳一切不同大小的物品和不同的容积。

一旦未考虑储存物品单位大小，将可能造成储存空间太大而浪费空间或储存空间太小而无法存放；未考虑储存物品整批形状也可能造成整批形状太大无法同处存放(数量太多)或浪费储存空间(数量太少)。一般将体积大的货品存放于进出较方便的位置。

12) 重量特性法则

重量特性的法则，是按照物品重量的不同来决定储放物品于保管场所的高低位置上。

一般而言，重物应保管于地面上或料架的下层位置，而重量轻的物品则保管于料架的上层位置。如果是以人手进行搬运作业时，人之腰部以下的高度用于保管重物或大型物品，而腰部以上的高度则用来保管重量轻的物品或小型物品。此法则对于采用料架的安全性及人手搬运的作业性有很大的意义。

13) 物品特性法则

物品特性不仅涉及物品本身的危险及易腐性质，同时也可能影响其他的物品，因此在物流中心布置设计时必须考虑。优点在于不仅能随物品特性而有适当的储存设备保护，且容易管理与维护。如下列举五种有关物品特性的基本储存方法：

(1) 易燃物的储存。必须储存在具有高度防护作用的建筑物内安装适当防火设备的空间。

(2) 易窃物品的储存。必须装在有加锁的笼子、箱、柜或房间内。

(3) 易腐品的储存。要储存在冷冻、冷藏或其他特殊的设备内。

(4) 易污损品的储存。可使用帆布套等覆盖。

(5) 一般物品的储存。需要储存在干燥及管理较好的库房，以应对客户随时提取的需要。

14) 储位表示法则

储位表示法则指把保管物品的位置给予明确表示的法则。此法则主要目的在于将存取单纯化，并能减少其间的错误。尤其在临时人员、高龄作业人员较多的物流中心中，此法则更为必要。

15) 明示(表示)性法则

指利用视觉，使保管场所及保管品能够容易识别的法则。此法则对于储位表示法则、同一性法则及叠高法则等皆能顾及。

在良好的储存策略与指派法则配合之下，可大量减少拣取商品所移动的距离。然而越复杂的储位指派法则需要功能越强的电脑相配合。

4. 储位编码

为了使储存商品便于查找，做到快进快出，配送中心仓库应对商品储存货位进行统一编号。货位编号是将库房、货场、货棚、货架按地址、位置顺序统一编列号码，并作出明显标志。货位编号工作，应从仓储条件、不同商品类别和批量零整的情况出发，搞好货位画线及编号秩序，以符合“标志明显易找，编排规律有序”的要求。

由于存货品特性不同，所适合的储位编码方式也不同，必须按照保管货品的储存量、流动率、保管空间布置以及所使用的保管设备而做出选择。不同的编码方法，对于管理的难易程度也有影响。

一般储位编码的方法有下列三种。

1) 区段法

把保管区域分割为几个区段，再对每个区段编码。这种编码方式是以区段为单位，每个号码所代表的储位区域较大。因此，适用于容易单元化装载的货品，以及大量或保管周期短的货品。在 ABC 分类中的 A、B 类货品很适合这种编码方式。货品以物流量大小来决定其所占的区段大小，以进出货频率来决定其配置顺序。

2) 商品群别方式

把一些相关货品经过集合后，区分成几个商品群，再对每个商品群进行编码。这种编码方式适用于按商品群类别保管及品牌差距较大的货品。例如服饰、五金货品等。

3) 地址式

利用保管区域中的现成参考单位，例如建筑物第几栋、区段、排、行、层、格等，依照其相关顺序来进行编码。该方式是目前物流配送中心使用最多的一种编码方式。但由于其储位体积所限，适合一些量少或单价高的货品储存使用。较常用编号方法一般采用“四号定位法”。“四号定位”是采用 4 个数字号码对库房(货场)、货架(货区)、层次(排次)、货位(垛位)进行统一编号。例如 5-3-2-11 编号就是指 5 号库房(5 号货场)、3 号货架(3 号货区)、第 2 层(第 2 排)、11 号货位(11 号垛位)。

5．储存方式

1) 托盘堆垛方式

就是使用叉车将满载物品的托盘直接放置到储存的位置，再将第二个托盘、第三个托盘的物品用叉车依次提升叠放。这种堆垛方式完全采用叉车作业，不需人力。但托盘上的物品必须堆码平整，让上面的托盘能平稳放置。

2) 货架储存方式

货架储存系统一般由许多个货架组成。通常我们把货架纵向数称为“排”，每排货架水平方向的货格数称为“列”，每列货架垂直方向的货格数称为“层”。一个货架系统的规模可用“排数×列数×层数”，即货格总数来表示。在一个货架系统中，某个货格的位置也可以用其所在的排、列、层的序数来表示，称之为货格的位址。例如：“03-15-04”即表示第3排、第15列、第4层的位址。用位址作为货格的编号，简单明了。

货架储存系统具有以下优点：充分利用库房的高度，消灭或降低蜂窝率，提高仓容利用率；便于机械化和自动化操作；每一货格都可以任意存取，物品品类的可拣选率达到100%；物品不受上层堆叠的重压，特别适宜于异型货物和怕压易碎的物品；便于实行“定位储存”和计算机管理。

3) 提高货架储存系统空间利用率的措施

一般情况下，普通货架约占库房面积的40%，而走道约占60%，这对库房空间利用显然是不理想的。国外的配送中心普遍采用窄通道货架系统，并配以旋转侧移货叉式叉车。其空间利用率是普通货架的1.75～3.5倍，但设备投资增加不少。

同时，还有大量采用重力式货架、移动式货架、多托盘进深式货架、驶入式和通过式货架等各种类型的密集型货架。这里仅介绍比较典型的两种货架。

(1) 驶入式和通过式货架。这类货架必须使用托盘，实质上是一种多托盘进深的货架，叉车直接进入货架进行存取作业。驶入式货架，后部有支撑，叉车必须倒车退出；通过式货架后部不设支撑，叉车可以透过货架。由于叉车要驶进货架，货架不设横梁，代之以悬臂在支柱上的纵向托盘搁置梁。这类货架的构造简单，主要用于储存少品种、大批量而且进出不频繁的货物。

(2) 重力式货架。重力式货架一般用于托盘物品，它是由一组上下、左右并列的“滑道”组成。所谓“滑道”，一般由左右两列的辊道或滚轮组成滑轨，滑道纵向有坡度。存货时，托盘货物从货架的高端送入，在重力的作用下向前滑行，依次排列存放在滑道上；取货时，在货架的底端取出第一个托盘，后面的托盘随着逐个向前下滑。

重力货架的优点：仓库空间利用率极高；先进先出，适用于季节性生产并大进大出，也适用于零进整出或整进零出的储存要求；仓库搬运和堆垛能耗较低。

6．存货管理

存货具有调节生产与销售的作用，不适当的存货管理往往造成有形或无形的极大损失。尤其对于流通速度极快但客户订货无法事前掌握预测的物流中心，存货的管理更加重要。而所谓存货管理是希望将货品的库存量保持在适当的标准内，以免过多造成资金积压、增加保管困难或货物过少导致浪费仓容、供不应求的情况。因此，存货管理具有两项重大意义：一为确保存货能配合销售情况、交货需求以提供客户满意的服务；二为设立存货控制基准，以最经济的订购方式与控制方法来提供营运所需的供应。

1) 存货管理的目的

(1) 减少超额存货投资：保持合理的库存量，减少存货投资，如此可灵活运用资金(固定资金减少)，并使营运资金的结构保持平衡。

(2) 降低库存成本：保有合理库存可减少由库存所引起的持有成本、订购成本、缺货成本等，降低库存成本。

(3) 保护财务：防止有形资产流失，且使存货的价值在账簿上能有正确的记录，以达到财务保护的目的。

(4) 防止迟延及缺货，使进货与存货取得全面平衡。

(5) 减少呆料之发生，使存货因变形、变质、陈腐所产生之损失减至最少。

前三者属于财务合理化的目的，而后二者则属于作业合理化的目的。

2) 存货管理的关键问题

(1) 何时必须补充存货——订购点的问题。所谓订购点，为存量降至某一数量时，应即刻请购补充之点或界限。一旦订购点抓得过早，则将使存货增加，相对增加了货品的在库成本及空间占用成本。倘若订购点抓得太晚，则将造成缺货，甚而流失客户，影响信誉。因而订购点的掌握非常重要。

(2) 必须补充多少存货——订购量的问题。所谓订购量，为存量已达订购量时，决定订购补充之数量，按此数量订购，方能配合最高存量与最低存量之基准。一旦订购量过多，则货品的在库成本增加；若订购量太少，货品可能有供应间断之虞，且订购次数必增加，亦提高了订购成本的花费。

(3) 应维持多少存货——存量基准的问题。存量基准，包括最低存量与最高存量。

① 最低存量：最低存量是指管理者在衡量企业本身特性、需求后，所订货品库存数量应予维持的最低界限。

最低存量又分为理想最低存量及实际最低存量两种。

a. 理想最低存量：理想最低存量又称购置时间(自开始订购货物以至于将货物运入物流中心之采购周期时间)使用量，也就是采购期间尚未进货时的货品需求量，这是企业需维持的临界库存，一旦货品存量低于此界限，则有缺货、停工的危险。

b. 实际最低存量：既然理想最低存量是一临界库存，因而为保险起见，许多业者多会在理想最低存量外再设定一准备的安全存量，以防供应不及发生缺货，这就是实际最低存量。实际最低存量亦称最低存量，为安全存量与理想最低存量之和。

② 最高存量：为防存货过多浪费资金，各种货品均应限定其可能的最高存量，也就是货品库存数量的最高界限，以作为内部警戒的一个指标。

因而对一个不容易准确预测也不容易控制库存的物流中心，最好制定“各品项之库存上限及库存下限”(库存上限即最高存量，库存下限则是实际最低存量)，并在电脑中设定。一旦电脑发现库存低于库存下限，则发出警讯提醒管理人员准备采购；而若一旦发现货品存量大于库存上限，则亦要发出警讯提醒管理人员存货过多需要加强销售，或采取其他促销折价的活动。

3) 确定合理库存

确定合理库存是物流管理的重要内容之一。但是对于库存管理没有统一的模型，而且每个企业都有自己特殊的存货管理要求，所以企业只能根据自己的个体情况，建立有关模型，解决具体问题。

库存管理模型应抓住补充、存货、供给等这几个相互联系的过程。为了确定最佳库存的管理模型，需要掌握每日存货增减状态的情况和有关项目的内容。

(1) ABC 库存分类法。企业经营的商品品种繁多，不同的品种对资金占用和库存周转的影响存在较大的差异。因此有必要对商品品种进行分类，实施不同的管理方法。一般最常用和最有效的分类方法就是 ABC 库存分类法。

ABC 库存分类法，是指按一定指标(如销售量，配送中心的出货量、进货量等)对商品进行分类的方法。例如，可以根据每年销售额的多少，按各品类销售额指标的大小依次排列，并分别计算出各项品种指标占综合品种指标的比例，再按大小顺序累计相加，然后描绘出这些品种的两种累计率的对应图，该图即可称为 ABC 曲线图。通常，A 类商品的销售量约占总销量的 70%；B 类商品的销售量约占总销量的 20%；剩余的为 C 类商品，其销售量约占总销量的 10%。最后，在分类的基础上，按照 A、B、C 三类商品的顺序，寻求管理对策。

(2) 预测需求量。预测需求量时，首先要选择预测方法。预测方法并不是越复杂越好，关键在于它能否提高对重要货品需求预测的准确度，其次要确定预测期间。预测期间包括按年预测和按供应期间预测两种。实际操作中，预测值和实际值很难完全一致，误差在所难免，配送中心通常以安全库存来弥补预测误差。具体的预测方法包括：掌握以往的货品实际需要量的分布状况和趋势；用统计分布理论作近似模型，进行简单预测；当简单预测无效时，使用指数平滑法进行预测。采用指数平滑法进行预测时，应特别注重历史资料的收集与利用。

(3) 计算与库存管理相关的费用。在划分商品品类的基础上，分两步计算各类商品的库存管理费用：第一，要明确库存管理中所涉及的全部费用；第二，对费用进行统计计算。

事实上，识别库存管理费用是很困难的。这是因为会计记录难以按品种种类划分费用，而且会计上的费用划分有其特定的原则，它是固定的连续使用的，而与库存有关的管理费用却因周围情况和计划时期的长短而有所变更。对于跨部门的费用和机会费用等，一般凭借经验和统计手段来判别。

库存管理费用一般包括与订货和保管相关的费用，如表 2-8 所示。

(4) 确定服务率。所谓服务率，是指在一定期间内，例如一年、半年内，配送中心不缺货时间与总供应时间的比率。服务率的反面即缺货率，两者之和为 1。服务率的高低，对企业经营有着重要意义。服务率越高，要求拥有的库存量就越多。必须根据企业的战略、商品的重要程度来确定该指标。重要商品(如 A 类商品和促销品)的服务率可定为 95%～100%。对于次重要或不重要的商品的服务率，可以定得相对低一些。应当注意的是，服务水平提高，库存管理费用也会随之增加。

表 2-8 库存管理的相关费用

项　　目	内　　容
订货费 1．购入费 2．事务费：通信费、运输费等	订货次数不同，费用也不同，通常以每次订货的费用来表示； 商品的进价，应注意大量进货时商品折价的情况； 与订货有关的通信费、工作时间的外勤费、运输费、入库费等
保管费 1．利息 2．保险金 3．搬运费 4．仓库经费 5．盘点货物损耗费 6．税金	根据库存量的不同而发生变化的费用； 可以是因为库存占用资金所要支付的利息；也可以是为了增加库存而支付的费用；或企业对库存投资希望得到的利益等。一般在上述费用中取大值； 防止库存短缺而发生的费用； 库存量变化时产生的库内搬运费； 包括建筑物设备费、地租、房租、修理费、光热费、电费、水暖费等； 货物变质、丢失、损耗产生的费用； 库存资金的税金
库存调查费	信息收集和分析整理时产生的费用
缺货费	也称机会损失费，是指由于缺货，不能为顾客服务所发生的费用，或由于紧急订货而发生的特别费用等

(5) 确定供应间隔期。供应间隔期是指从订货到交货所需要的时间，又称供货期间。它主要是根据供应商的情况来确定。如果物流配送中心是从生产商处直接进货，必须充分了解生产商的生产过程、生产计划、工厂仓库的储存能力等情况，在进行全面的分析之后再确定供应间隔。供应商的供货期间长，意味着配送中心库存量的增加，所以供货期间越短越好。若供货期间有变动，则需要增加安全库存量以确保供应。因此，订货之初就应明确有约束的安全供货期间。

(6) 确定订货方式。订货有两种方式：一是定期订货；二是订货点订货。定期订货是事前确定固定的订购周期，定期补充库存的订货方式，这种方式适用于重要货品的订货管理。定期订货一般以每周、每月或 3 个月为一个订货周期，其计算公式如下：

$$\text{订货周期}=\frac{\text{平均一次订货量}}{\text{单位时间内平均需求量}}$$

订货点订货是指库存即将低于一定水平时即发出订货指令的订货方式。所谓订货点，是指在补充库存之前，补充库存货品订货的时点上，仓库所具备的库存量。

订货点上仓库所具备的库存量，要适应订货商品交货期间所需的量。当需要量和供应期间没有变动时：

$$\text{订货点}=\text{供应期间单位时间内平均需要量}\times\text{供应时间}$$

当需要量和供应间隔期发生变化时：

$$\begin{aligned}\text{订货点}&=\text{供应期间的需要量}+\text{该期间变动所需要的预备库存量}\\&=\text{供应期间的一般需要量}+\text{该期间不确定因素所需要的预备库存量}\\&=(\text{单位时间内平均需要量}\times\text{供应时间})+\text{安全库存量}\end{aligned}$$

(7) 计算安全库存量。安全库存是指除了保证正常状态下的库存计划量之外，为了防止因不确定因素引起的缺货而备用的缓冲库存。如果不确定因素考虑过多，就会导致库存过剩。不确定因素主要来自两个方面：一方面是需求量预测的不确定；另一方面则是供应间隔的不确定。安全库存量的计算公式如下：

$$安全库存量 = 安全系数 \times 根据需要及供应期间等变动确定的库存量$$

(8) 确定订货量。订货量的确定是库存管理的核心课题。此订货量是指以最少的库存管理费用，达到最满意的服务质量时的订货量。物流配送中心通常采用经济订货批量模型来确定最佳的订货量。研究经济订货批量的方法，是用年库存管理的总费用和订货量的关系来表示的。

订货量越大，库存就会越多，与库存相关的保管费用也相应增加；但同时，由于订货量的增加导致了订货次数的减少，而与订货有关的各项费用也相应减少。由此可见，保管费和订货费反映出相反的增减关系。在求出每次订货量的保管费用和订货费用之和的总费用最小值时，所对应的订货量就是经济订货量，其计算公式如下：

$$Q = \sqrt{\frac{2RC}{Pi}}$$

式中：Q 表示平均每次的订货量；R 表示年需求量；C 表示平均每次订货发生的费用；P 表示库存货品的单价；i 表示年保管费与库存货品金额的比率。

(9) 确定平均库存量。某一期间内平均库存量的确定可参考如下计算公式：

$$平均库存量 = \frac{订货量}{2} + 安全库存量$$

2.2.2 盘点作业

在配送中心的工作过程中，货物不断地入库和出库。由于长期积累，可能会出现理论数量和实际库存数量不相符的情况。有些货物也会由于长期存放，品质下降，而不能满足用户需要。为了有效地掌握货物数量和质量，配送中心必须定期对各储存场所进行清点作业，即盘点作业。盘点的结果经常会出现较大的盈亏。因此，通过盘点可以发现作业和管理中存在的问题，并通过解决问题提高管理水平，减少损失。

1. 盘点作业的内容

一般情况下，盘点作业需要进行货物数量、质量、保管条件、安全措施的检查。

(1) 检查数量。检查数量主要是通过点数、计数查明在库货品的实际数量。核对账面库存数量与实际库存数量是否一致是盘点的主要内容。

(2) 检查质量。检查质量就是检查在库货物的包装是否完好，是否超过有效期和保质期，有无长期积压等现象。必要时还必须对货物进行技术检验。

(3) 检查保管条件。检查保管条件就是检查现有保管条件是否与各种货物的保管要求相符合。如堆码是否合理稳固，库内温湿度是否符合要求，各类计量器具是否准确等。

(4) 检查安全措施。检查安全措施就是检查各种安全措施和消防设备、器材是否符合安全要求，建筑物和设备是否处于安全状态。

2．盘点作业的程序

1) 盘点准备

盘点作业的事先准备工作是否充分，关系着盘点作业进行的顺利程度。为了使盘点在短促的时间内，利用有限的人力达到迅速确实的目标，事先准备工作内容如下：

(1) 明确建立盘点的程序方法。

(2) 配合会计进行盘点。

(3) 盘点、复盘、监盘人员必须经过训练。

(4) 经过训练的人员必须熟悉盘点用的表单。

(5) 盘点用的表格必须事先印制完成。

(6) 库存资料必须确实结清。

2) 盘点时间的决定

一般性货品就货账相符的目标而言，盘点次数愈多愈好。但因每次实施盘点必须投入人力、物力、财力且这些成本耗资不小，因此也很难经常开展。事实上，导致盘点误差的关键主因是在于出入库的过程，可能是因出入库作业传票的输入，检查点数的错误，或是出入库搬运造成的损失，因此一旦出入库作业次数多时，误差也会随之增加。所以，以一般生产厂而言，因其货品流动速度不快，半年至一年实施一次盘点即可。

但以物流中心货品流动速度较快的情况下，我们既要防止过多盘点对公司造成的损失，但又碍于可用资源的限制，因而最好能视物流中心各货品的性质制定不同的盘点时间。例如，在建立了物品类别 ABC 管理的公司，我们建议：A 类主要货品，每天或每周盘点一次；B 类货品，每二、三周盘点一次；C 类较不重要货品，每月盘点一次即可。

而未实施物品类别 ABC 管理的公司，至少也应对较容易损耗毁坏及高单价的货品增加其盘点次数。另外要注意的是，当实施盘点作业时，时程应尽可能缩短，以 2～3 日内完成较好。盘点日期的选择：

(1) 财务决算前夕：因便利决算损益以及表达财务状况。

(2) 淡季进行：因淡季储货量少盘点容易，人力的损失相对降低，且调动人力较为便利。

3) 决定盘点方法

因盘点场合、需求的不同，盘点的方法也有差异。为符合不同状况的产生，盘点方法的决定必须明确以利盘点时不致混淆。

4) 盘点人员的培训

为使盘点工作得以顺利进行，盘点时必须增派人员协助进行。由各部门增援的人员必须组织化，并且施以短期训练，使每位参与盘点的人员能确切发挥其功能。人员的培训必须分为两部分：

(1) 针对所有人员进行盘点方法训练。这要求被培训人员必须对盘点的原则、程序、表格的填写充分了解，工作时才能得心应手。

(2) 针对复盘与监盘人员进行认识货品的培训。因为复盘与监盘人员对货品大多数并不熟悉，故而应加强货品的认识，以利盘点工作进行。

5) 储存场所的清理

(1) 在盘点前，对供应商交来的物料必须明确其所有数。如已验收完成属本中心，应即时整理归库；若尚未完成验收程序属供应商，应划分清楚避免混淆。

(2) 储存场所在关闭前应通知各需求部门预先所需的物品。

(3) 储存场所整理整顿完成，以便计数盘点。

(4) 预先鉴定呆料、废品、不良品，以便盘点时的鉴定。

(5) 账卡、单据、资料均应整理后加以结清。

(6) 储存场所的管理人员在盘点前应自行预盘，以便提早发现问题并加以预防。

6) 盘点工作

盘点时，因工作单调琐碎，人员较难以持之以恒。为确保盘点的正确性，除人员培训时加强宣传外，工作进行期间应加强领导与监督。盘点表如表 2-9 所示。

表 2-9 盘 点 表

盘点表编号：________							
区位号：________		盘点人：________			复核人：________		
储位号码	商品名称	规格	条形码	赠品或配件	盘点数量	复核数量	差异

7) 差异原因处理

当盘点结束后，发现所得数据与账簿的资料不符时，应追查差异产生的原因。其着手的方法有：

(1) 是否因记账人员素质不足，致使货品数目无法表达。

(2) 是否因料账处理制度的缺点，导致货品数目无法表达。

(3) 是否因盘点制度的缺点，导致货账不符。

(4) 盘点所得的数据与账簿的资料，差异是否在容许误差内。

(5) 盘点人员是否尽责，产生盈亏时应由谁负责。

(6) 是否产生漏盘、重盘、错盘等状况。

(7) 盘点的差异是否可事先预防，是否可以降低料账差异的程度。

8) 盘盈、盘亏的处理

差异原因追查后，应针对主因适当地调整与处理，至于呆废品、不良品减价的部分与盘亏一并处理。

物品除了盘点时产生数量的盈亏外，有些货品在价格上会产生增减。这些变化在经主管审核后必须利用货品盘点盈亏及价目增减更正表修改，如表 2-10 所示。

表 2-10　货物盘点盈亏及库存更正表

<table>
<tr><td colspan="20">部门：　　　　　　　　　　　　　　　　　　　　　　　　　　　　　　　　　　　　　　年　月　日</td></tr>
<tr><td rowspan="3">货品编号</td><td rowspan="3">货品名称</td><td rowspan="3">单位</td><td colspan="3">账面资料</td><td colspan="3">盘点实存</td><td colspan="4">数量盈亏</td><td colspan="4">价格增减</td><td rowspan="3">差异因素</td><td rowspan="3">负责人</td><td rowspan="3">备注</td></tr>
<tr><td rowspan="2">数量</td><td rowspan="2">单价</td><td rowspan="2">金额</td><td rowspan="2">数量</td><td rowspan="2">单价</td><td rowspan="2">金额</td><td colspan="2">盘盈</td><td colspan="2">盘亏</td><td colspan="2">盘盈</td><td colspan="2">盘亏</td></tr>
<tr><td>数量</td><td>金额</td><td>数量</td><td>金额</td><td>数量</td><td>金额</td><td>数量</td><td>金额</td></tr>
<tr><td></td><td></td><td></td><td></td><td></td><td></td><td></td><td></td><td></td><td></td><td></td><td></td><td></td><td></td><td></td><td></td><td></td><td></td><td></td><td></td></tr>
<tr><td></td><td></td><td></td><td></td><td></td><td></td><td></td><td></td><td></td><td></td><td></td><td></td><td></td><td></td><td></td><td></td><td></td><td></td><td></td><td></td></tr>
<tr><td colspan="20">差异原因代码：①　　　　②　　　　③　　　　④</td></tr>
<tr><td colspan="20">配送中心经理：　　　　　　　　　　　　申请人：</td></tr>
</table>

3．盘点方式

1) 盘点的种类

就像账面库存与现货库存一样，盘点也分为账面盘点及现货盘点。

所谓“账面盘点”又称为“永续盘点”，就是把每天入库及出库货品的数量及单价记录在电脑或账簿上，而后不断地累计加总算出账面上的库存量及库存金额。

而“现货盘点”亦称为“实地盘点”或“实盘”，也就是实际去点数调查仓库内的库存数，再依货品单价计算出实际库存金额的方法。

因而如要得到最正确的库存情况并确保盘点无误，最直接的方法就是确定账面盘点与现货盘点的结果要完全一致。如一旦存在差异，即产生“料账不符”的现象，究竟是账面盘点记错或是现货盘点点错，则须寻找错误原因，才能得出正确结果及确定责任归属。

2) 盘点的方法

(1) 账面盘点法。账面盘点系将每一种货品分别设账，然后将每一种货品之入库与出库情况详加记载，不必实地盘点即能随时从电脑或账册上查悉货品的存量。通常量少而单价高的货品较适合采用此方法。

(2) 现货盘点(实地盘点)法。现货盘点依其盘点时间频度的不同又分为“期末盘点”及“循环盘点”。期末盘点是指在期末一起清点所有货品数量的方法；而循环盘点则是在每天、每周即作少种少量的盘点，到了月末或期末则每项货品至少完成一次盘点的方法。

① 期末盘点法。由于期末盘点是将所有品项货品一次盘完，因而必要全体员工出动，采取分组的方式进行盘点。一般来说，每组盘点人员至少要三人，以便能互相核对减少错误，同时也能彼此牵制避免弊端。

② 循环盘点法。循环盘点既是将每天或每周当做一周期来盘点。其目的除了减少过多的损失外，对于不同货品进行不同管理也是主要原因。就如同前述 ABC 管理的做法，价格愈高或愈重要的货品，盘点次数愈多；价格愈低愈不重要的货品，就尽量减少盘点次数。循环盘点因为一次只进行少量盘点，因而只需专门人员负责即可，不需动用全体人员。

循环盘点法最常用的单据为“现品卡”，其使用方式为：每次出入库一面查看出入库传票，一面把出入库年月、出入库数量、传票编号、库存量登记在现品卡上。主要目的在于：使作业者对出入库数量及库存量有具体的数字认知；可协调进行出入库的分配管理，并在错误发生时能立即调查；随时掌握库存品的流动性及库存量控制的情况。

然而关于现品卡的必要与否是各有观点，一般如果不采用现品卡，只要以单纯点数核对的方式进行循环盘点。

而若使用现品卡，除了在每一次货品出入库都要予以记载外，对于在盘点时的点数核对工作亦较详细。虽做法上较麻烦，但对于盘点差异原因的追溯却较为快速、正确。

企业应该以本身情况选择较适用的盘点方式。但大体而言，循环盘点较能针对各货品需要作适时管理，且易见成效。事实上，有些企业是将两种盘点同时并用，平时针对重要货品作循环盘点，而至期末再将所有货品作一期末大盘点。如此不仅循环盘点的误差能渐渐减少，就算是期末的大盘点，其误差率也因循环盘点的配合进行而有所大幅降低，同时期末盘点的所用时间也会因平时循环盘点的整理与管理改善而缩短许多。

【小结】

本章主要讲述了备货作业和保管作业等内容。

备货作业是配送中心存货作业的首要环节。入库工作好坏直接影响到后续工作的顺利进行。备货作业主要讲述了商品入库的作用和备货作业流程，商品分类和编码，商品验收的方法。

保管作业的主要任务是对将来要使用或者要出货的物料进行保存。仓储部门在货物储存期间要对货物进行经常性的库存品质的检查控制，不仅要善于利用空间，也要注意存货的管理。尤其是配送中心与传统仓库的营运形态不同，保管更要注意空间运用的弹性及存量的有效控制。

商品保管作业主要讲述了保管的目标、保管的一般原理、保管策略、储位指派原则、储位编号等；盘点作业主要讲述了盘点作业的内容、盘点作业的程序和盘点的方式等。

【关键概念】

备货，定位储放，随机储放，分类储放，分类随机储放，ABC库存分类法，账面盘点法，现货盘点(实地盘点)法。

【练习思考】

1. 简述备货入库的作业流程。
2. 商品验收时应注意哪些问题？
3. 保管作业的目标有哪些？
4. 简述储位指派原则。
5. 简述盘点作业的程序。

实 训 实 践

某一天，仓库要入库一批商品。表 2-11、表 2-12、表 2-13 是商品的入库通知单，要求模拟仓库人员完成入库调度作业。

客户 1 是物美集团，入库通知内容如表 2-11 所示。

表 2-11　物美集团入库通知单

货　品	数量(箱)	预计提货时间
康师傅红烧牛肉面	5	7：00
康师傅西红柿牛腩面	5	
达能闲趣饼干	6	
奥利奥牛奶味饼干	6	

客户 2 是峰星公司，入库通知内容如表 2-12 所示。

表 2-12　峰星公司入库通知单

货品名称	数量(盒)	细数(个/箱)	预计到货时间
NOKIA710	20	20	12：00
NOKIA N8	40	20	

客户 3 是华联集团，入库通知内容如表 2-13 所示。

表 2-13　华联集团入库通知单

货物名称	数量(箱)	预计到货时间
60 ml 高夫经典古龙香水	2	19：00
80 g 美加净护手霜	1	
五谷道场庖丁鲜蔬面	5	
五谷道场香辣牛肉面	10	

案 例 分 析

上海通用汽车零部件的库存策略

具体如何实现降低库存，不同类型的企业有着不同的库存政策，我们提倡的是：分销企业应该鼓励或联合供应商一起来降低库存，提高周转率——“别拿别人的库存不当钱”。

让我们看看上海通用是如何解决这个问题的。

1. 小技巧可以解决大成本

上海通用三种车型的零部件总量有 5400 多种，这相当于一个中型超市的商品单品数。通用的这些零部件来自 180 家供应商，这也和一个大型卖场的供应商数量相近。

通用的部分零件是本地供应商所生产的，这些供应商会根据通用的生产要求，在指定的时间直接送到生产线上。这样，因为不进入原材料库，所以保持了很低或接近于“零”的库存，省去大量的资金占用。

但供应商并不愿意送那些用量很少的零部件。于是，以前的传统汽车制造商要么有自己的运输队，要么找运输公司把零件送到公司。

这种方式的缺点是：

(1) 有的零件根据体积或数量的不同，并不一定正好能装满一卡车。但为了节省物流成本，他们经常装满一卡车才给你——如果装不满，就要等待。这样不仅造成了库存高，占地面积大，而且也影响了对客户的服务速度。

(2) 不同供应商的送货环节缺乏统一的标准化的管理，在信息交流、运输安全等方面，都会带来各种各样的问题。如果想管好它，必须花费很多的时间和很大的人力资源。

所以通用就改变了这种做法，使用了叫做“循环取货”的小技巧。例如，他们聘请一家第三方物流供应商，由他们来设计配送路线。他们每天早晨依次到不同的供应商处取货，直到装上所有的材料，再直接送到上海通用。这样，通过循环取货，通用的零部件运输成本可以下降 30%以上。这种做法省去了所有供应商空车返回的浪费，充分节约运输成本，而且体现了这样的基本理念——把所有增值空间不大的业务外包给第三方。

2. 给分销业的启示

如果一个大卖场有 300 个供应商，他们是否有必要每一家都包一辆车，把货物送到收货处呢？你认为供应商会白白地替你送货吗？而且你用考核指标要求他们不能断货，要及时送到，那么这就是在逼迫供应商在当地为你保有一定的库存量。这部分库存成本，供应商是白白为你付出吗？如果没有厂家愿意出，他们都是把费用打到了商品价格中。

我们建议，区域性的零售大户如果没有建立配送中心的实力，应该考虑请一家物流公司来用“牛奶取货”法为你供货了，然后可以和供应商一同协商支付物流费用。

上海通用采取的是“柔性化生产”，即一条生产流水线可以生产不同平台多个型号的产品。这种生产方式对供应商的要求极高，即供应商必须时常处于“时刻供货”的状态，这样就会给供应商带来很高的存货成本。

但是，供应商一般不愿意独自承担这些成本，就会把部分成本打在供货的价格中。同时，他们还会把另一部分成本“赶”到了其上游的供应商那里——于是上游就准备了更大的库存。

为了克服这个问题，上海通用与供应商时刻保持着信息沟通。“我们有一年的生产预测，也有半年的生产预测，我们的生产计划是滚动式的，基本上每周都有一次滚动，在滚动生产方式的前提下，我们的产量在做不断的调整。这个运行机制的核心是要让供应商也看到我们的计划，让其能根据通用的生产计划安排自己的存货和生产计划，减少对存货资金的占用。”通用人如是说。

实际上零售商一样可以做到这一点，但问题是，零售商是否还守着以往的旧观念，而不愿意把销售数据和促销计划提前通知供应商呢？

思　考　题

1. 企业为什么需要存货？
2. 总结案例中企业的存货管理实践。

项目三　订单处理作业

【学习目标】

1. 熟悉配送中心内部和外部订单流转程序
2. 掌握根据订单编制表格的相关知识
3. 熟悉根据订单进行库存查询及分配的方法
4. 能有效接收相关订单
5. 能根据订单信息进行存货查询
6. 能根据订单对存货进行配发

任务一　订单处理作业概述

3.1.1　订单处理的含义

客户订单是配送中心开展业务的依据和所有业务活动的起点。订单处理是指从接到客户订单开始到着手准备拣货之间的作业阶段，通常包括订单资料的确认、存货查询、单据处理等内容。处理的手段主要有手工处理及以计算机和网络为基础的电子处理两种形式。订单处理是配送中心顺利进行各项业务活动的第一步，也是配送中心的核心业务。

订单处理既是配送中心作业的开端，也是整个信息流作业的起点。订单处理的步骤如图 3-1 所示。

3.1.2　订单处理的内容

订单处理的内容主要包括订单准备、订单传递、订单录入、订单履行、订单跟踪等活动。订单处理可通过人工或计算机信息处理系统来完成。人工处理比较有弹性，但只适合少量订单，一旦订单数量稍大，处理将变得缓慢，且容易出错；计算机处理不但速度快，而且成本低，差错少，适合大数量订单。

1．订单准备

订单准备是指搜集所需产品或服务的必要信息和正式提出购买要求的各项活动。

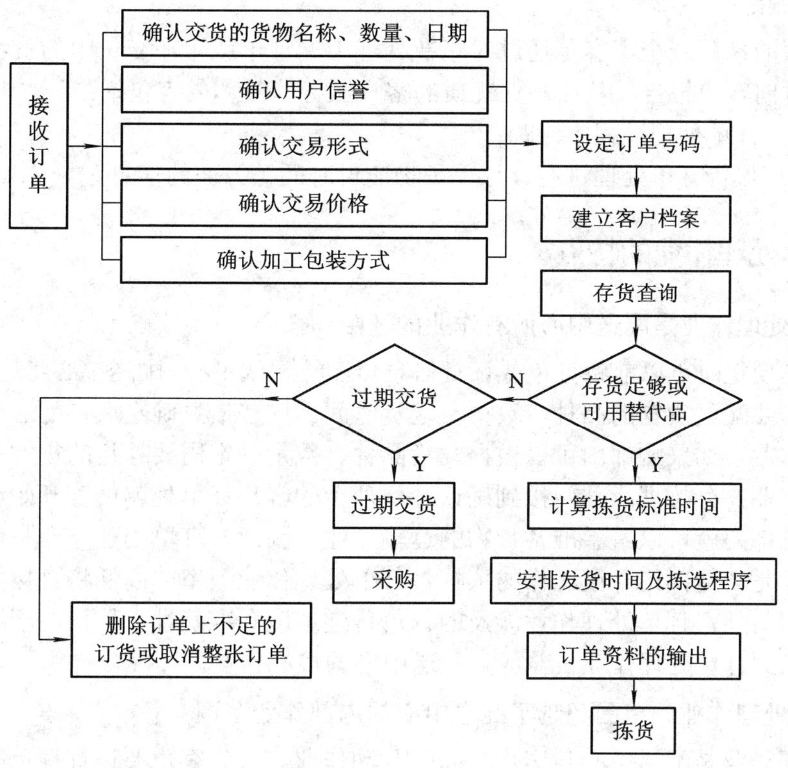

图 3-1　订单处理的主要步骤

2. 订单传输

订单传输是指订单中的相关订货信息从发出地点到订单录入地点的传输过程。订单传输可以通过两种基本方式来完成：人工方式和电子方式。

3. 订单录入

订单录入是指在订单实际履行前所进行的各项工作，以方便拣货或后续的订单处理。主要内容包括：

(1) 核对订货信息(商品名称、编号、数量、价格等)准确性。

(2) 检查所需商品是否能够获得。

(3) 需要时，准备补交货订单或取消订单的文件。

(4) 审核客户信用。

(5) 需要时，转录订单信息。

(6) 开具财务账单。

4. 订单履行

订单履行是指按客户要求进行实物作业，主要包括四个方面：

(1) 提取现有存货或采购客户订购的货物。

(2) 进行货物的运输包装。

(3) 安排货物运输。

(4) 准备相关单证。

5．订单跟踪

订单处理的最后一个内容是通过对正在处理中的订单或正在交付中的货物的状态进行跟踪，并及时向客户报告，从而确保优质的客户服务。具体内容包括：

(1) 在整个订单处理过程中跟踪订单。

(2) 向客户报告订单处理进度、订单货物交付时间等方面的信息。

3.1.3 订单处理作业的特点

1．订单处理作业是配送中心所有作业的开始和核心

客户要在规定时点以前将订单或订货信息传输给配送中心，配送中心将这些订单汇总，以此来确定需要配送货物的品种、数量及送货时间。这些信息确定后，配送中心就可以开始进行其他作业，如采购部门可以根据发货品种、数量确定需要补货的货物品种和数量，并进行采购作业；分拣理货部门接到确认并处理后的客户订单处就可以开始进行拣货、配货作业；送货部门就可以着手准备货物的运输作业。因此，订单处理作业是配送中心所有作业的开始，是其他部门开展工作的依据，订单处理作业效率的高低将直接影响其他后续部门的作业。另外，订单处理作业涉及的订单传递速度和准确性直接影响配送中心客户服务的水平，因此订单处理作业日益成为配送中心的核心作业。

2．订单处理作业的范围超越了配送中心的内部作业范围

订单处理作业是配送中心与客户之间的互动作业。首先客户要进行订单准备，并将订单传输给配送中心。配送中心为了提高订单处理的效率，一般要求客户按照规定的时间和格式将订单传输给配送中心。配送中心在接单后进行订单输入、拣货、配送、签收等一连串的数据处理，这些活动都需要用户的配合。因此配送中心订单处理作业是配送中心与客户双方之间的一体化活动。

3．订单处理作业伴随配送活动的全过程

理论上，订单处理作业起始于接单，终止于分拣出货物流活动，但在这一过程中还可能出现一些订单的异常变动，如客户拒收、配送错误等，只有将这些异常变动情况处理完毕，整个订单处理才算结束。因此，订单处理作业需要对配送活动进行全程跟踪、调整，处理过程伴随配送活动的全过程。

4．订单处理作业的信息技术要求较高

为了提高订单处理作业的效率，减少错误，配送中心大多采用先进的信息技术，如电子订货系统、联机输入、计算机自动生成存货分配、订单处理输出数据等。

任务二 订单处理作业流程

有专家称，21 世纪靠速度取胜。对于配送而言，订单处理作业流程所经历的时间越快且稳定，才能获得更多的竞争优势。

从客户发出订单到客户收到货物的时间，称为订货周期(也称订单处理周期)，即对订单的反应速度。客户希望订货周期短且稳定，来降低自己的经营风险与成本。订单处理流程的主要步骤如图 3-1 所示。

3.2.1　接受确认订单

接受客户订单是订单处理作业的第一步。

1. 订货方式

随着客户对配送及时性、准确性要求的提高，人工下单、接单的传统接受客户订单方式已经逐渐转变为通过计算机网络系统直接送、收订货资料的电子订货方式。

1) 传统订货方式

传统订货方式在我国发展得比较成熟，在当前仍得到广泛应用的主要包括以下几种方式：

(1) 业务员跑单接货。业务员跑单接货即业务员到客户处推销产品，然后将订单带回配送中心。当了解到客户需要紧急订货时，也可以用电话方式先与配送中心联系，向公司通知客户订单的内容，让公司做好发货准备。

(2) 厂商补货。厂商补货是指配送中心将商品直接放在送货车上，依次给客户送货，客户缺多少货物就补多少货物。

(3) 厂商巡货、隔日送货。厂商巡货、隔日送货是指配送中心派巡货人员前一天先到各客户处了解所需补充的货物信息，回配送中心汇总后，隔天再进行送货。

(4) 电话口头订货。电话口头订货是指客户以电话方式向配送中心传递订货信息。

(5) 传真订货。传真订货是指客户将所需货物的信息整理成书面资料，利用传真机发给配送中心。

(6) 客户自行取货。客户自行取货是指客户到配送中心看货、补货，根据自身的需要下单订货。

(7) 邮寄订单。客户将订货表邮寄给供应商。

2) 电子订货

电子订货方式是指将客户的订货信息由书面资料转为电子资料，采用电子化的传送方式取代传统人工书写、传送的订货方式。 电子订货方式主要有以下三种方式：

(1) 订货簿与手持终端配合。订货人员携带订货簿及手持终端巡视货架，当发缺货时，就用手持终端上的扫描设备扫描订货簿或货架上的商品标签，再输入订货数量，当所有缺货货物的订货资料输入完毕后，再利用手持终端通过有线或无线的方式将订货资料传输给配送中心。

(2) 销售时点信息系统(point of sale)。客户可以在 POS 系统的数据库中设定各种商品的安全存量。每当销售一件商品时，POS 系统的终端会扫描该商品，POS 系统的后台数据库则会同时自动扣除该商品的库存量信息。当商品的库存低于安全存量时，POS 系统就会自动产生订货资料，经确认后即可通过网络传输给配送中心。

(3) 订货应用系统。订货应用系统可以将订货资料转换成与供应商约定共同格式，并在约定时间将订货信息传送到配送中心。

2．两种订货方式比较

传统订货方式运用简单，成本也相对较低，但传统的订货方式是由人工输入资料，并需要经常重复输入、传票重复誊写，因此在输入时常造成时间耽误及产生错误，尤其面对客户小批量、高频次的订货要求时，传统订货方式更难以满足需求。

电子订货方式传递速度快、准确性高。从配送中心角度看，电子订货方式可以简化接单作业、缩短接单时间、减少人工处理错误，减少退货处理作业，满足客户多品种、小批量、高频次的订货，缩短交货的前置时间；从客户角度看，电子订货方式可以帮助客户快速、正确、简便地下单，可以满足其多品种、小批量、高频次的订货需求，有效降低其商品库存水平，可以缩短其进货时间。

3.2.2　订单确认

1．订单的构成

订单本身没有统一的内容及格式要求，其内容及格式往往根据供应方与需求方的要求或实际情况来设计。通常订单资料可以分为以下两个部分：

1) 订单的基础资料

为便于对订单进行处理，需要在表头部分设置统一格式的基础性资料。主要包括：

(1) 订单号、订货日期。

(2) 客户名称、代码。

(3) 业务员代码。

(4) 配送日期、地址。

(5) 配送车型、包装情况。

(6) 付款方式。

(7) 订单处理状态。

(8) 备注事项。

2) 订单的商品资料

对订单涉及的商品进行详细描述，是订单的主体部分。其内容包括：

(1) 商品名称。

(2) 商品代码。

(3) 商品规格。

(4) 商品单价。

(5) 订购数量及规格单位。

(6) 订单总金额。

(7) 折扣、折让。

(8) 交易类型。

3) 订单相关档案资料

在处理订单时，可能需要与订单相关的档案资料，才能使整个订单作业处理流程一体化，更为顺畅，提高准确度。一般档案资料包括：

(1) 客户资料。

(2) 物品资料。

(3) 库存资料。

(4) 客户寄存资料。

(5) 促销信息。

(6) 客户应收账款资料。

(7) 流通加工资料。

2. 订单确认的主要内容

接受客户的订单后，需要进行确认。主要内容包括：

1) 确认货物数量及日期

货物数量及日期的确认是对订货资料项目的基本检查，即检查货物品名、数量、送货日期等是否有漏填、笔误或不符合规范的情况。特别是出现送货时间存在问题或出货时间已延迟的情况，更需要与客户沟通联系，再次确认订单内容及运送时间。

2) 确认订货价格

同种商品在面对不同的客户或不同的订购量时，可能出现不同的价格，输入价格时系统应加以检查，若输入的价格不符，应锁定订单，等待主管审核。

3) 确认客户信用

确认客户信用即是对客户的财务状况进行审核，从而确定客户能否支付该订单的账款。一般的方式是通过订单处理系统查询客户的信用额度是否大于应收账款。

4) 确认订单形态

客户订单存在多种形态，配送中心应针对不同的订单形态采取不同的交易及处理方式。

(1) 一般交易订单：指接受到后按正常的作业流程拣货、出货、运输、收款的订单。一般交易订单的处理方式为：将资料输入订单处理系统，按正常的订单处理程序处理，资料处理完后进行拣货、出货、发送、收款等作业。

(2) 现销式交易订单：指与客户当场交易、直接交货的交易订单。如业务员到客户处巡货所得的交易订单或客户直接到配送中心取货的交易订单。现销式交易订单的处理方式为：只需记录交易资料，以方便后续应收款项结算，由于货物已在订单输入前交给顾客，所以订单资料不再参与拣货、出货、发送等作业。

(3) 间接交易订单：指客户向配送中心订货，但货物是由供应商配送给客户的交易订单。间接交易订单的处理方式为：将客户的订货资料经过确认后传输给供应商，由供应商进行拣货、出货、发送等作业，配送中心也应对出货资料加以核对确认。

(4) 合约式交易订单：指与客户签订配送合约的交易订单。合约式交易订单的处理方式可以有两种：一种是在约定的送货期间将客户的订货资料输入系统，以便进行拣货、出货、发送等作业；而另一种是在一开始就输入合约中的订货资料并设定各批次送货时间，系统在约定日期就会自动产生所需的订单资料，并进行后续的拣货、出货、发送等作业。

(5) 寄库式交易订单：指客户因商品促销降价等市场因素预先采购了一定数量的商品，后期根据需要再要求配送中心送货的交易订单。寄库式交易订单的处理方式为：当客户要求配送寄库商品时，系统首先确认是否有此项寄库商品。如果有该商品，就在寄库量中扣除该商品配送量，然后进行拣货、出货、发送等作业。

5) 确认加工包装

客户对于订购的商品，是否有包装、分装或贴标等方面的要求，或是有关赠品的包装等资料都要详细确认记录，以便后续出货作业时按客户要求进行加工包装。

3.2.3 设定订单号码

每一张客户订单都要有单独、唯一的订单号码。订单号码可以人工设定，也可以利用订单处理系统自动生成。

3.2.4 建立客户档案

将客户的各项资料信息详细记录，不但能使此次交易进行顺利，而且还可以增加往后与客户合作的机会。

1. 客户档案的主要内容

(1) 客户名称、代号、等级等。

(2) 客户信用额度。

(3) 客户付款方式及折扣率的条件。

(4) 开发或负责此客户的业务员资料。

(5) 客户配送区域范围。

(6) 客户收货地址。

(7) 客户各收货点配送路径顺序。

(8) 客户各收货点适合的送货车辆形态。

(9) 客户各收货点卸货特性。

(10) 客户对延迟订单的处理方式。

2. 客户档案管理

1) 建立客户资料卡

客户资料卡主要记载各客户的基础资料。取得资料的方式主要有三种：

(1) 配送中心业务员整理汇总。通过业务员进行客户访问建立客户档案卡是最常用的方式。具体方法是：提前编制好客户访问表，由业务员随身携带，在进行客户访问时，即时填写，并汇总整理，据此建立各个客户档案。

(2) 配送中心向客户寄送客户资料表，请客户填写。这种方式可能会出现由于客户基于商业秘密的考虑，不愿提供全部翔实的资料，或者出现客户由于某种动机夸大某些资料等情况。

(3) 配送中心委托专业调查机构进行专项调查。这种方式主要是用于搜集较难取得的客户资料，特别是重点客户的信用状况等，但需要支付给专业调查机构较多的费用。

2) 客户分类

(1) 按交易合作时间划分为：老客户、新客户、未来客户。未来客户和新客户是客户档案资料的重点管理对象。

(2) 按交易发生的阶段划分为：曾经有过交易业务的客户、正在进行交易的客户、即将进行交易的客户。曾经有过交易业务的客户，不能因为暂时没有交易而放弃对其的档案管理；正在进行交易的客户，可以通过交易逐步充实和完善其档案内容；即将进行交易的客户，应尽量全面搜集和整理客户资料，为即将展开的交易业务提供便利。

(3) 按交易数量和市场地位划分为：主力客户、一般客户、零散客户。客户档案管理的重点应放在主力客户上。

3) 客户构成分析

(1) 销售构成分析。分析在配送中心的销售额中各客户所占比重，并据此确定未来的营销重点。

(2) 商品构成分析。分析配送中心商品总销售量中各类商品所占的比重，并据此确定对不同客户的商品销售重点和对策。

(3) 地区构成分析。分析配送中心总销售额中不同地区客户所占的比重，并据此发现问题，提出对策。

(4) 客户信用分析。在客户信用等级分类的基础上，确定对不同客户的交易条件、信用限度和交易业务处理方法。

4) 客户档案管理应注意的问题

(1) 动态管理客户档案。客户档案建立后即置之不顾，就失去了建立的意义。因此，配送中心需要根据客户情况的变化，不断地加以调整，删除过旧资料，及时补充新资料，不断地对客户的变化进行跟踪记录。

(2) 客户档案管理应“用重于管”。不能将客户档案束之高阁，配送中心应以灵活的方式及时全面地将客户档案信息提供给相关业务人员，并利用客户档案进行客户分析。

(3) 严格管理客户档案。客户档案完全公开会直接影响与客户的合作关系，因此客户档案只能供配送中心内部使用。客户档案应由专人负责管理，并制定严格的使用管理办法。

3.2.5　存货查询

存货是指配送中心在业务活动中持有以备配送的商品。存货区别于固定资产等非流动资产的最基本特征是：配送中心持有存货的目的是为了向客户配送，以满足客户需要。存货查询是配送中心作业流程中一个重要的环节，该作业是为了确认库存能否满足客户需求，通常称为事先拣货。

存货的信息资料主要包括商品的种类、名称、SKU 号码、产品描述、库存量、已分配存货、有效存货及预期进货时间。存货查询的基本流程是：在订单处理系统中输入客户所订货商品的名称或编号，系统即可显示该商品是否缺货。若缺货则可提供商品资料以便采购或是此缺货商品的已采购但未入库信息，方便订单处理人员通知客户，并与客户协调是否可以改订替代品或是允许延后出货。

注：SKU(Stock Keeping Unit)：库存单位，即库存进出量的单位，例如服装可以以件为单位。不同的 SKU，号码不一样。

3.2.6 分配存货

订单处理员将客户订单资料输入系统并经过确认后，接下来最主要的处理作业就是根据各个客户的大量订货资料，做出迅速有效的汇总分类和调拨库存，使后续的各项配送作业能有效地进行。分配存货的模式分为单一订单分配和按批次分配两种。

(1) 单一订单分配：在输入一张客户订单资料时，就将配送中心的现有存货分配给该订单的对应客户。单一订单分配存货的流程比较简单，主要适用于大批量的存货分配，但由于每次只分配一张订单，工作效率较低。

(2) 按批次分配：累积汇总数笔订单资料后，再一次性分配配送中心的现有存货。这种方式适合订单数量多、客户类型等级多且每天配送次数固定的配送中心。按批次分配时，根据作业的不同，配送中心的分批原则可以有下面几种方法：

① 按接单的时间顺序划分。将配送中心的接单时间划分成几个区段，将订单按接单时间顺序分为几个批次处理，并配合配送批次。

② 按配送区域路径划分。汇总统一配送区域路径的订单一并处理。

③ 按配送加工要求划分。汇总配送加工要求相同的订单一并处理。

④ 按配送车辆要求划分。汇总配送商品需要特殊的配送车辆或客户所在地的下货特性要求由特殊车辆配送的订单一并处理。

3.2.7 确定客户优先权

按批次分配存货时，当汇总订单中的某项商品总配送量大于可分配的存货量时，应如何取舍分配有限库存，可依以下四个原则来确定客户优先权。

(1) 具有特殊优先权的订单先分配。一些特殊的订单，如缺货补货订单、延迟交货订单、紧急订单、远期订单、本该在上次配送时就应处理并交货的订单、客户提前预约的订单等，应有优先取得存货的权利。

(2) 根据客户等级确定分配顺序，即将重要性程度高的客户的订单作优先分配。

(3) 根据订单交易量或交易金额确定分配顺序，即将对配送中心的经济效益贡献大的客户订单作优先处理。

(4) 根据客户信用状况，将信用较好的客户订单作优先处理。

此外，也可根据上述原则建立一套订单处理的优先权系统，即在接受客户订单时就将优先顺序输入订单处理系统，在作分配时可按照此顺序自动确定优先权。

3.2.8 存货不足的处理方式

分配后存货不足的处理方式大致有以下几种：

(1) 重新调拨。订单处理人员与客户沟通后，客户不允许过期交货，同时配送中心也不愿意失去此客户订单时，可以重新调拨分配订单。

(2) 补送。订单处理人员与客户沟通后，客户允许数量不足的订货等待有货时再予以补送，同时配送中心政策也允许，可以采用补送方式。

(3) 删除不足额订单。订单处理人员与客户沟通后，客户允许数量不足的订货等待有货时再予以补送，但配送中心的政策并不希望分批出货，则删除不足额的订单商品。若客户不允许过期交货，且公司也无法调拨，则可考虑删除不足额订单。

(4) 延迟交货。订单处理人员与客户沟通后，客户允许一段时间的过期交货，且希望所有订单一起配送，则可以采取延迟交货方式。

(5) 取消订单。订单处理人员与客户沟通后，客户希望所有订单一起配送到达，且不允许过期交货，而配送中心也无法重新调拨时，则取消整张订单。

3.2.9　安排拣货顺序

订单处理人员为了有计划地安排出货，需要事先了解每张或每批订单的拣取时间，从而有计划地安排后续的配送出货作业。计算订单拣取标准时间的方法是：

第一步，计算拣取每一储存单位(一件、一纸箱、一托盘……)货物的标准时间，并将该时间设定为电脑记录中标准时间档。

第二步，在获得了不同储存单位货物的拣取标准时间后，即可根据每种商品的订购数量(储存单位数量)，再配合每种商品的寻找时间，计算出每种商品拣取的标准时间。

第三步，根据每张或每批订单的订货商品种类及考虑辅助作业的时间，就可以将整张或整批订单的拣取标准时间算出。

最后再根据客户需求、拣取标准时间及内部工作负荷来拟定客户订单的配送出货时间及拣货先后顺序。

3.2.10　订单处理输出

客户订单经过上述流程的处理后，可以在系统中打印一些相关作业单据，以便开展后续的配送作业。

1．拣货单

拣货单是后续拣货作业的依据，主要作用是提供商品分拣出库的指示资料。拣货单的形成应配合配送中心的拣货策略及拣货作业方式，提供详细且有效率的拣货信息，便于拣货的进行。生成拣货单时要注意详细确认拣货数量、单位以及商品储位，根据储位前后相关顺序打印，减少拣货员重复往返取货。随着拣货、储存设备的自动化，利用计算机、手持终端等方式处理显示拣货单的方式已经逐渐取代传统的打印拣货单，在采用这些自动化设备进行拣货作业时，需要注意拣货单的格式与之配合以及系统与设备间的单据信息传送及处理。

2．送货单

送货单是给客户签收、确认的出货资料。商品在配送交货时，需要附上送货单给客户清点签收。送货单的正确性及明确性很重要，要确保送货单上的资料与实际送货相符。打印送货单最能保证送货资料与实际出货资料一样，但此时打印，单据数量多，耗费时间多，会影响送货时间。但如果提前打印送货单，可能会出现拣货、分类作业后发现实际存货不足，或是客户临时更改订单等情况，造成原出货单上的资料与实际不符。

3．缺货资料

存货分配后，对于缺货的商品或涉及的订单，系统应提供查询或单据打印功能，以便相关作业人员处理。

任务三　订单处理作业管理

订单在配送过程中执行情况如何，直接影响着配送效率和质量的好坏，必须对订单处理进行有效的管理，才能了解流程是否按照规定完成。例如，订单是否如期如数处理并出货、是否有异常发生以及对这些异动的处理情况等。良好的订单作业管理不仅能使得整个配送流程顺畅，同时也能对订单处理作业系统进行不断的优化。

3.3.1　订单流程跟踪

由于订单的状态会随着作业流程的改变而发生变动，所以对订单的执行必须进行适当的跟踪与处理，一是为了更好地管理订单的处理与执行，二是为了满足顾客希望及时收到订单处理状态信息的需求。订单处理作业流程如图 3-2 所示。

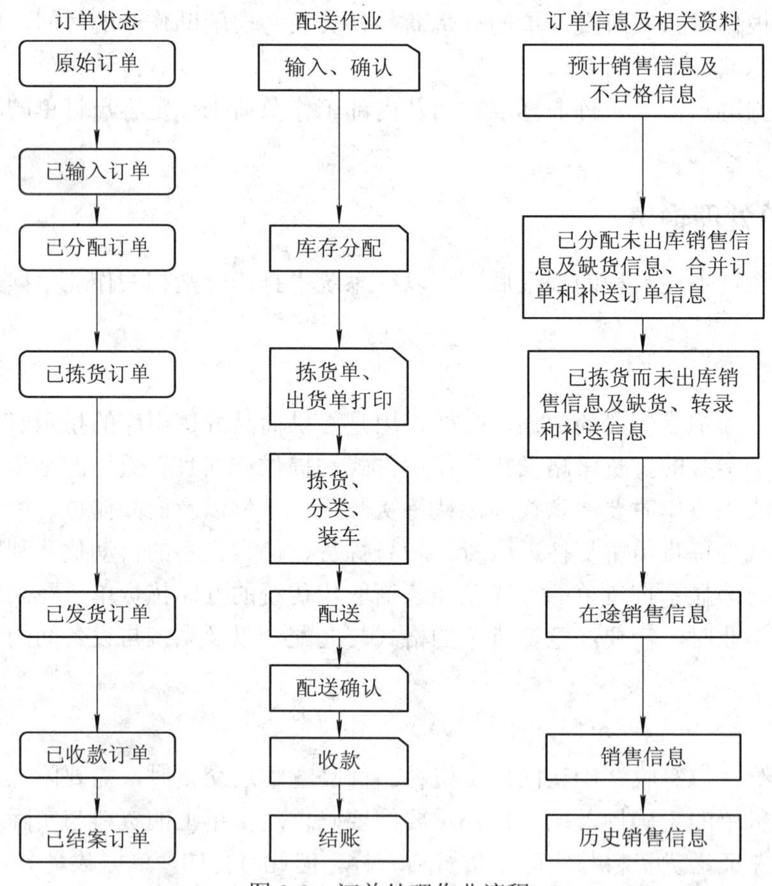

图 3-2　订单处理作业流程

订单状态主要有以下几种。

1．已输入订单

它将客户订单中的相关内容(商品品项、数量、单价和交易配送条件等)已提前输入到系统中，这是后续发货作业的依据。

2．已分配订单

在确认了订单内容后进行库存分配作业，并进一步确认订单是否可以按数量拣货，一旦发生缺货时应及时处理。

3．已拣货订单

它是库存已经分配好后产生的发货指令单，是实际拣货作业的基础。

4．已发货订单

客户订货的商品已经经过分拣、分类、装车和发货，即生成已发货订单。

5．已收款订单

已发货订单经过用户的确认验收后，成为实际发货的资料，是配送中心收款的依据。收到客户相应款项的已发货订单就是已收款订单。

6．已结案订单

已收款订单经过内部确认后变成已结案订单，表示和用户的交易活动已经结束，已结案订单成为历史交易档案。

3.3.2　异常订单处理

在订单处理过程中，可能会出现一些异常情况，遇到以下变化时，工作人员应及时并妥善处理。

1．客户取消订单

客户由于各种原因常常会取消订单，这会给配送中心造成很多损失。因此，在业务处理上需要与客户就此问题进行协商，尽量说服客户不要取消订单，如果客户坚持取消，应及时了解订单所处的状态，然后取消订单交易。

若目前订单处于已分配未出库状态，则应从已分配未出库销售资料里找出此订单，将其删除，并恢复相关品项的库存资料，例如库存量；若此订单处于已拣货状态，则应从已拣货未出库销售资料里找出此笔订单，将其删除，并恢复相关品项的库存资料，且将已拣取的物品回库上架。

2．客户增订

配送过程中也会出现客户临时增加订单的情况。在这种情况下，作业人员要先查询客户的订单目前处于何种状态，是否还未出货，是否还有时间再去拣货。

若接受增订，则应追加此笔增订资料；若客户订单处于已分配状态，则应修改已分配未出库销售资料文件里的这笔订单资料，并更改物品库存档案资料。

3．拣货时发生缺货

配送中心有时在分配库存的时候发生失误，导致在拣货时可能会发现仓库缺货，这时则应从已拣货未出库销售资料里找出这笔缺货订单资料，加以修改。若此时出货单据已打印，就必须重新打印。

4．配送前发生缺货

当配送前装车清点时才发现缺货，则应从已拣货未出库销售资料里找出此笔缺货订单资料，加以修改。若此时出货单据已打印，就必须重新打印。

5．送货时客户拒收、物品短缺

配送人员送货时，若客户对送货品项、数目有异议而予以拒收，则回库时应从在途销售资料里找出此客户的订单资料加以修改，以反映实际出货情况，并及时处理拒收情况。

3.3.3 订单处理作业的改善

1．改善的意义

配送作业不仅要考虑为客户提供满意的服务，同时也要想办法适当降低费用与成本。对于订单处理而言，怎样通过改善作业流程来获得稳定的订货提前期、送货的准确性、订单状态的及时更新和对异常订单的妥善响应，这些都是实现价值与提高客户满意度的保证。订单处理作为配送活动的起点，在提高客户满意度的同时，怎样通过优化作业流程来降低成本，获得更多的竞争力，也是一个必须要考虑的问题。

2．改善的方法

1) 运用先进的技术手段

配送中心可以利用现在先进的物流信息系统，加快在处理订单时进行的存货分配，同时也可以根据不同的订单和订单货物，来规划最优的拣货路径、分配合适的拣货人员，从而提高订单处理的效率。其次，配送中心也可采用商品条形码扫描系统、物至人或者自动化的拣货技术、自动补货系统，不断地提高订单处理的准确率和及时率。

2) 运用电子订货方式传输订单

随着订单量的不断增加，传统的订货方式越来越不能满足当今的订单处理要求，配送中心对运用电子订货方式传输订单的需求也越来越大，例如近铁运通公司通过将 KWE WMS 与客户的 ERP 系统建立 EDI 对接，直接处理客户系统中的订单，大幅提高效率，减少差错率。

3) 对处理流程的优化

如果降低订单处理作业的成本，首先配送中心需要对每个作业环节进行价值评估，对于一些冗长且不会带来增值作用的工序应该予以删除；其次，通过对订单流程的跟踪，找出一些停滞现象，例如在批量分拣时可能会遇到等待时间，通过对不同订单的合并优化处理，以减少等待。同时，在瓶颈作业环节处增加额外资源，适时对作业进行分批、并行或者交叉处理。

【小结】

订单处理是指从接到客户订单开始到着手准备拣货之间的作业阶段。它包括：接受确认订单、存货查询、确定客户优先权、分配存货、安排拣货顺序、订单处理后的输出等六项作业内容。

【关键概念】

订单处理，接受订单的方式，订单确认的内容，存货查询，存货分配，订单跟踪。

【练习思考】

1. 订单处理的基本内容有哪些？
2. 订单处理作业的具体流程是怎样的？
3. 简述接受订单的方式。
4. 订单确认主要包含哪些内容？
5. 客户优先权怎么确定？

实训实践

模拟订单处理作业。

第一步：将学生分为八个小组，明确岗位角色。第一组接受订单、进行订单确认；第二组设定订单号，建立客户档案；第三组查询存货及依订单分配存货；第四组计算拣取的标准时间，确定出货、拣货顺序；第五组进行分配后货源不足的处理；第六组进行订单资料处理输出；第七、八组为模拟客户。

第二步：各小组明确各自的职责范围，明确相应的岗位职责要求，按活动要求做好相关单证准备工作。

第三步：各小组相互配合，按学习的流程处理订单业务。

第四步：各小组互换岗位角色，再次模拟订单处理业务流程。

第五步：各小组进行小结，学生填写实训报告。

第六步：指导教师为各小组进行考核评分，并进行总结讲评。

案例分析

美国南方公司的订单处理系统

美国南方公司(The Southland Corporation)因其拥有 7800 家快捷式便利店(Quick Mark Store)而闻名于世。由于零售店内绝大部分空间都要用于商品销售，所有货架上的商品必须频繁得到补给。因此，订单处理系统必须做到方便、快捷、准确，以保证店里的货源不断。每家分店都有一份针对该店印就的库存清单或称订货指南(Order Guide)，其上列明授权各分店销售的商品(Authorized Items)。店铺经理或工作人员用一个手持电子订单录入器读出订货指南或货架上的条码，接着输入每种商品所需的数量。该信息随后通过电话线传到南方公司的物流中心，在那里进行订单录入，进入订单履行系统。物流中心的订单录入和订单履行系统把全天收到的订货及调整信息按商品、仓库汇总起来。在全部订单都收讫后，系统按商品、各仓库供货区的订购量生成一张拣货清单(Picking List)。同时，系统还监控各货架上的货量，一旦某货架上的库存量低于预先设定的临界点，系统就会生成一张大宗货物拣货单(Bulk Picking Label)，指示仓库的工作人员从托盘货物存储区提取一整箱货物，送到单品拣货区。在这份大宗货物拣货单上，还标明应附在商品上的零售价格，并指明贴过价签后的商品应摆放在哪个拣货区。在单品拣货区，商品是从货架的后部补充进来的，从货架的前部被放入塑料拣货箱或纸板物品箱里。当大宗货物或托盘货物储存区的库存不足时，系统就会根据经济订货批量向采购人员提出理想的订货量。采购人员在审核订货量后，视情况对订货规模作出调整，随后系统即开始准备针对供应商的采购订单。系统还可以根据各分店订购货物的体积，每天利用可变的运输调度法安排货车装货，调整送货路线。通过对各货车车厢的合理配货，系统可以保证最大限度地利用载货空间，并使每条路线的行车里程最短。然后，系统按与装货次序相反的顺序打印交付收据(Delivery Receipt)，以方便各分店或货车司机清点货物。南方公司通过这个订单处理系统获益匪浅，订单平均履行率在99%以上，仓库库存每22天周转一次。

(资料来源：http://www.chinawuliu.com.cn，2009-08-20)

思 考 题

请根据上述案例，分析美国南方公司的物流中心订单处理的特点。

项目四　分拣与补货作业

【学习目标】

1. 认识分拣作业的重要性，熟悉分拣作业的概念、基本流程，系统掌握分拣方法、分拣方式、分拣策略和分拣设备之间的关系
2. 能阐述补货作业的概念和流程，掌握各种补货方式和选择补货时机的方法
3. 会合理运用各种分拣方法高效地完成拣货任务
4. 会分析分拣作业的状况，具备发现、分析、解决影响分拣效率问题的能力
5. 会根据实情制定补货方案并实施

在竞争日趋激烈的今天，一个先进的货物分拣系统意味着比竞争对手更快的物流速度，更好地满足顾客的需求，其潜在的回报是惊人的。建立一个先进的货物分拣系统，结合有效的吞吐量，不但可以节省数十、数百、甚至数千万元的成本，而且可以大大提高工作效率，显著降低工人的劳动强度。

在配送中心内部所涵盖的作业范围内，分拣作业是其中十分重要的一环，其作用相当于人体的心脏。随着商品经济的发展，用户需求向小批量多品种方向发展，配送中心配送商品的种类和数量急剧增加，分拣作业在配送中心作业中所占的比例越来越大，成为最耗费人力和时间的作业。如何把这些不同种类、数量的商品准确、快速、低成本地拣选出来并集中在一起？本章将讨论这些问题。

任务一　分 拣 作 业

4.1.1　分拣作业概述

1. 分拣作业的基本概念

分拣：是按订单或出库单的要求，从储存场所选出物品，并放置到指定地点的作业。详细是指根据顾客的订单要求或配送中心的配送计划，迅速、准确地将商品从其储位或其他区位拣取出来，再按一定方式进行分类、集中，然后等待配装送货的作业过程。

在配送中心的各项作业中，分拣作业发挥了重要的作用，其动力来自于客户的订单，其目的也就在于正确而且迅速地集合客户所订购的货物。要达到这一目的，必须根据订单选择适当的分拣设备，按分拣作业过程的实际情况运用一定的方法策略组合，采取切实可行且高效的分拣方式，提高分拣效率，将各项作业时间缩短，提升作业速度与能力。同时，必须在分拣时防止错误，避免送错货，尽量减少内部库存的物账不符现象，避免作业成本增加。

因此，在降低分拣错误率的情况下，将正确的货物以正确的数量，在正确的时间及时配送给客户，是分拣作业的最终目的。

2．分拣作业的类型

1) 按订单分拣分类

(1) 按单分拣。

(2) 按批量分拣。

(3) 按单分拣与批量分拣的组合。

2) 按作业方法分类

(1) 拣选式分拣法。

(2) 分货式分拣法。

(3) 总量分拣法。

3) 按作业程序分类

(1) 一人分拣法。

(2) 分程传递法。

(3) 区间分拣法。

(4) 分类分拣法。

3．分拣作业的基本流程

分拣作业的基本流程如图 4-1 所示。

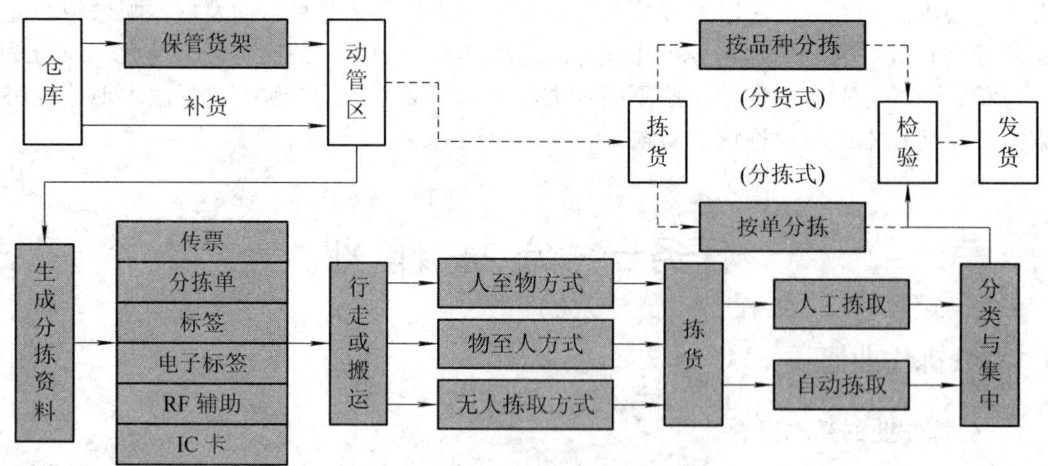

图 4-1　分拣作业基本流程

1) 拣货资料的形成

拣货作业开始前，指示拣货作业的单据或信息必须先行处理完成。虽然一些配送中心直接利用顾客订单或公司交货单作为拣货指示，但因此类传票容易在拣货过程中受到污损而产生错误，无法正常指示产品储位，所以大多数拣货方式仍需将原始传票转换成拣货单或电子信号，使拣货员或自动拣取设备进行更有效的拣货作业。但这种转换是拣货作业中的一大瓶颈，因此如何利用 EOS(Electronic Ordering System)或 POT(Potable Ordering Terminal)直接将订货信息通过电脑快速及时地转换成拣货单或电子信号，是现代配送中心未来发展的重要研究课题。

2) 行走或搬运

拣货时，拣货作业人员或机器必须直接接触并拿取货物，因此形成拣货过程中的行走与货物的搬运。这一过程有两种完成方式：

(1) 人至物方式。这一方式是拣货人员以步行或搭乘拣货车辆方式到达货物储存位置。其特点是货物处于静态储存方式，主要移动方为拣取者(拣取机器人也属拣取者)。

(2) 物至人方式。此方式和第一种情况相反，物至人方式中，主要移动方是货物，拣取人员在固定位置作业，不必去寻找商品的储存位置。这种方式的特点在于货品保持动态的储存方式，如轻负载自动仓储、旋转自动仓储等。

(3) 无人拣取方式。这种方式拣取的动作由自动的机械负责，电子信息输入后自动完成分拣作业，无需人手介入。这是目前国外在分拣设备研究上努力发展的方向。

3) 拣货

当货品出现在拣取者面前时，一般采取两个动作即拣取与确认。

拣取是抓取物品的动作，确认则是确定所拣取的物品、数量是否与指示拣货的信息相同。在实际的作业中，多采用读取品名与拣货单据作对比的确认方式。较先进的做法是利用无线传输终端机读取条码后，再由电脑进行确认。通常对小体积、小批量、搬运重量在人力范围内且出货频率不是特别高的货品，采取手工方式拣取；对体积大、重量大的货物，利用升降叉车等搬运机械辅助作业；对于出货频率很高的货品，则采用自动分拣系统进行拣货。

4) 分类与集中

配送中心收到多个客户的订单后，可以批量拣取，拣取完毕后再根据不同的客户或送货路线分类集中。有些需要进行流通加工的商品还需根据加工方法进行分类，加工完后再按一定方式分类出货。分货过程中，多品种分货的工艺过程较复杂，难度也大，容易发生错误，它必须在统筹安排形成规模效应的基础上，提高作业的精确性。在物品体积小、重量轻的情况下，可以采取人力或机械辅助作业的方式分货，还可利用自动分货机将拣取出来的货物进行分类与集中。

从分拣作业的基本过程可以分析出，拣货作业所消耗的时间主要包括：

(1) 拣货指示的时间(订单或送货单经过信息处理所需的时间)。

(2) 准确找到货物的储位并确认所拣货物及数量的时间。

(3) 行走或搬运货物的时间。

(4) 拣取并将货物分类集中的时间。

因此，提高拣货作业效率，主要就在于缩短以上四个作业时间来提高作业速度与作业能力。

4.1.2 分拣作业方法

1. 按订单拣取

按订单拣取是针对每一份订单，作业员巡回于仓库内，按订单所列的商品及数量，将客户所订购的商品逐一从仓库储位或其他作业区中取出，然后集中的拣货方式。按订单拣货的作业方法如图 4-2 所示。

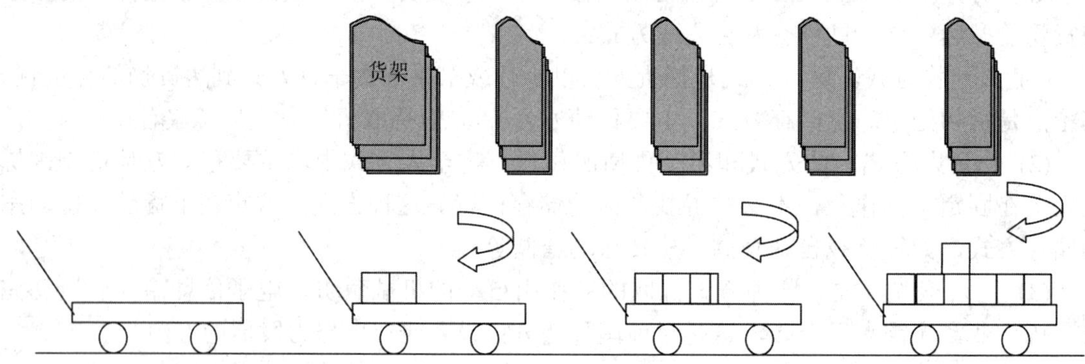

图 4-2 按订单拣货的作业方法

1) 按订单拣取的优点

(1) 作业前置时间短，作业方法单纯，接到订单后可立即拣货、送货。

(2) 作业人员责任明确，易于安排人力。

(3) 对机械化、自动化没有严格要求，不受设备水平限制。

(4) 对各客户的分拣相互没有约束，可以根据客户需求的紧急程度，调整配货先后次序。

2) 按订单拣取的缺点

(1) 商品品类多时，拣货行走路径加长，拣货效率降低。

(2) 拣货区域大时，搬运系统设计困难。

(3) 少量多次拣取时，造成拣货路径重复，效率降低。

按订单拣取适合于订单大小差异较大，订单数量变化频繁，季节性强的商品配送。商品外形体积变化较大，商品差异较大的情况下，也宜采用这种拣取方式。如化妆品、家具、电器、百货、高级服饰等。

2. 批量拣取

批量拣取即把多张订单集合成一批次，按商品品种汇总后再进行拣取，然后按客户或不同订单作分类处理。

批量拣货作业方法如图 4-3 所示。

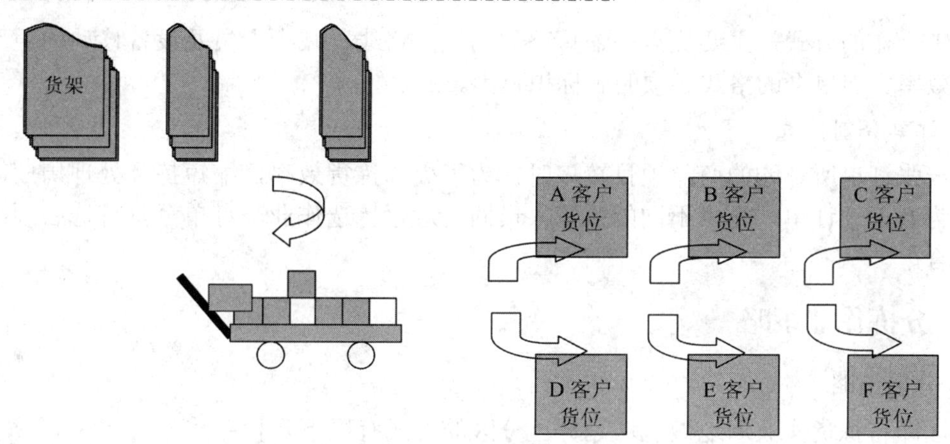

图 4-3 批量拣货作业方法

1) 批量拣货的优点

(1) 适合配送批量大的订单作业。

(2) 可以缩短拣取货物时的行走时间，增加单位时间的拣货量。

(3) 对商品量少、次数多的配送，批量拣取更有效。

2) 批量拣货的缺点

对紧急订单无法做及时处理，必须等订单积累到一定数量时，才能做一次性的处理，从而会延长停滞时间。批量拣货方式通常在系统化、自动化设备齐全、作业速度提高的情况下采用，适合订单变化较小，订单数量稳定的配送中心和外形较规则、固定的商品，如箱装、袋装的商品。另外，需进行流通加工的商品也可采用批量拣取，拣取完后再进行批量加工，分类配送，这有利于提高拣货及加工效率。

3．其他拣选作业方式

除了上面常用的两种拣选作业方式以外，拣选作业方式还有以下几种。

1) 复合拣选

复合拣选为订单拣选及批量拣选的组合模式。根据订单品项、数量和出货频率决定哪些订单适合订单拣选方式，哪些适合批量拣选方式，由信息系统分别生成相应的拣选作业单据。

2) 分类式拣选

一次处理多张订单，且在拣选各种商品的同时，将商品按照订单分别放置的方式。它可减轻事后分类的麻烦，以提高拣选效率，比较适合每张订单量不大的情况。

3) 分区、不分区拣选

不论是采取订单拣选还是批量拣选，为了提高效率，可以配合分区或不分区的作业策略。所谓分区作业就是将拣选作业场地做区域划分，每一个作业员负责拣选固定区域内的商品，并可根据不同的需要采取不同的分区方式。

4) 接力拣选

这种方法与分区拣选类似，在确定拣货员各自负责的商品品种或货架的责任范围后，各个拣货员只拣选拣货单中自己所负责的部分，然后以接力方式交给下一位拣货员。采用这种分工合作的方式，主要优点是缩短整体的拣货路线，减少人员及设备移动的距离，提高拣货效率。但单据的格式必须明确标识范围。

5) 订单分割拣选

当一张订单所订购的商品项目较多时，为了提高拣货效率，缩短拣货处理周期，将订单分割为若干子订单，交由不同的拣货人员同时进行拣选作业。订单分割拣选必须与分区拣选配合。

4.1.3 分拣作业策略

1. 分区策略

分区即将拣货作业场地做区域划分。分区的方式有以下几种：

① 货品特性分区。作业场地可以按货品外形尺寸、形状分成大件区、散料堆放区和成件区，也可以按储存条件分成冷冻区、冷藏区和常温区。

② 拣选单位分区。可以分成托盘分拣区、箱分拣区和单品分拣区。

③ 拣货方式分区。可以分成电子标签货架拣选区、RF 拣选区和台车拣选区等。

④ 工作分区。由一个或一组固定的拣选人员负责分拣的区域，叫做一个工作区，可以根据订单进行分区拣选。通过这种专业化方式能够有效缩短拣货时间，但要注意工作平衡的问题。

2. 订单分割策略

订单分割就是将订单按拣选区域进行分解的过程，分解方式应与拣选分区相对应。

订单分割处理过程：

(1) 按区域进行订单分割。

(2) 各个拣选区根据分割后的子订单进行分拣作业。

(3) 各拣选区子订单拣选完成后，再进行订单的汇总。

3. 订单分批策略

订单分批是为了提高拣选作业效率而把多张订单集合成一批，进行批次分拣作业。

订单分批的种类：

(1) 总合计量分批。

(2) 时窗分批。

(3) 固定订单量分批。

(4) 智能型分批。

4. 分类策略

当采用批量拣选作业方式时，拣选结束后还要进行分类。分类方式包括：分拣时分类和分拣后分类。

5. 批量拣货的优点

(1) 适合配送批量大的订单作业。

(2) 可以缩短拣取货物时的行走时间，增加单位时间的拣货量。

(3) 对商品量少、次数多的配送，批量拣取更有效。

4.1.4　分拣作业设备

在拣货过程中所使用的设备很多，如储存设备、搬运设备、分类设备、信息设备等。

1．人至物的拣货设备

人至物的分拣是指物品固定，拣货人到物品位置处把物品拣选出来的工作方式。相应的分拣设备大概分为以下几类：

(1) 储存设备：包括托盘货架、轻型货架、储柜、流动货架、高层货架、数位显示货架。

(2) 搬运设备：包括无动力台车、动力台车、动力牵引车堆垛机、拣货车、搭乘式存取机、无动力输送机、动力输送机、计算机辅助台车。

2．物至人的拣货设备

与人至物的拣选方法相反，在物至人的分拣方式中拣货人员固定位置，等待设备把货品运到拣货者面前进行拣货。这时对拣货设备的自动化水平要求较高，设备本身附有动力，能移动货品储位或把货品取出。这类拣货设备包括储存设备和搬运设备。

(1) 储存设备：包括单元负载自动仓库、轻负载自动仓库、水平旋转自动仓库、垂直旋转自动仓库、梭车式自动仓库。

(2) 搬运设备：包括堆垛机、动力输送带、无人搬运车。

3．自动拣货系统

除上述两种拣货设备之外，还有一种就是自动拣货系统。其拣货无人介入，自动进行。其中又包括箱装自动拣货系统和单品自动拣货系统两种。

4.1.5　分拣作业评价

1．拣货人员

配送中心的拣货小组一般由两部分人员组成：一部分是拣货计划负责人，另一部分为具体实施作业人员。拣货人员的专业化水平直接影响拣货效率和拣货的准确性。确定作业流程计划之后，需要对拣货人员配置及作业时间进行严格的管理。对作业人员的作业效率进行评价也很重要，对人员效率的指标评估如下：

(1) 每人时平均拣取能力。

$$每人时拣货品项数=\frac{拣货单笔数(一行为一笔)}{拣货人数\times每日拣货时数\times工作天数}$$

$$每人时拣货次数=\frac{拣货单位累积总件数}{拣货人数\times每日拣货时数\times工作天数}$$

说明：配送中心作业性质不同，拣取能力的评估方式也不同。

(2) 拣货能力。

$$拣货能力=\frac{订单数量}{每日目标拣货订单数\times工作天数}$$

(3) 拣货责任品项数。

$$拣货责任品项数=\frac{总品项数}{分区拣货区域数}$$

说明：拣货责任品项数指标数值越大，表示每位拣货员负责的品项越多，如果品项数过多，就会影响拣货效率。为提高效率，就必须减少拣货人员的责任品项数。

(4) 拣货品项移动距离。

$$拣货品项移动距离=\frac{拣货行走距离}{订单总笔数}$$

说明：可以利用这个指标来研究拣货规划是否符合动作效率，或检查拣货区布置是否合理。如果指标太高(表示人员在拣货中耗费太多时间和体力)，就会影响整体效率。

2．拣货设备

拣货设备的优劣直接影响拣货效率及效益。可用如下指标来研究拣货设备的问题：

$$拣货员装备率=\frac{拣货设备成本}{拣货人员数}$$

$$拣货设备投入与产出=\frac{发货品金额数}{拣货设备成本}$$

$$每人时拣货金额数=\frac{发货品金额数}{拣货人数\times每日拣货时间\times工作天数}$$

利用这三种指标可评估投资的合理化程度和效率大小。装备率代表设备投资程度。投入与产出表示已投设备的拣货效率大小。

3．拣货策略

制定拣货方案对拣货效率影响很大。拣货策略实施效果评价指标如下：

$$每批量包含订单数=\frac{订单数量}{拣货分批次数}$$

$$每批量包含品项数=\frac{订单总笔数}{拣货分批次数}$$

$$每批量处理次数=\frac{发货箱数}{拣货分批次数}$$

$$每批量拣货体积数=\frac{发货品体积数}{拣货分批次数}$$

$$批量拣货时间=\frac{拣货人数\times每日拣货时间\times工作天数}{拣货分批次数}$$

4．拣货时间

拣货时间长短反映拣货能力大小。评价指标如下：

$$单位时间处理订单数=\frac{订单数量}{每日拣货时数\times 工作天数}$$

$$单位时间拣货品项数=\frac{订单数量\times 每件订单平均品项数}{每日拣货时数\times 工作天数}$$

$$单位时间拣货次数=\frac{拣货单位累积总件数}{每日拣货时数\times 工作天数}$$

$$单位时间拣货体积数=\frac{发货品体积数}{每日拣货时数\times 工作天数}$$

5．拣货成本

拣货是物流配送中心的一项极为重要的工作，耗费成本也大，必须特别重视降低成本问题。要研究各项成本的具体情况，可采用如下公式评判：

$$每订单投入拣货成本=\frac{拣货投入成本}{订单数量}$$

$$每订单笔数投入拣货成本=\frac{拣货投入成本}{订单总笔数}$$

$$每拣货单位投入拣货成本=\frac{拣货投入成本}{拣货单位累计总件数}$$

$$单位体积投入拣货成本=\frac{拣货投入成本}{发货品体积数}$$

一旦发现拣货成本太高时，应采取措施降低成本。

6．拣货质量

拣误率 = 拣货错误笔数/订单总笔数。如果拣货质量差，将为后续工作造成较坏影响，因此必须加以重视。

任务二　补 货 作 业

4.2.1　补货作业概述

补货是为了保证分拣作业需要，将货物从保管区搬运到动管拣货区，并作相应信息处理的活动。补货的目的是将正确的货物在正确的时间和正确的地点以正确的数量和最有效的方式送到指定的拣货区，保证拣货区随时有货可拣，并能够及时有效地满足客户的订货需要。

配送中心补货系统是配送中心完成存货补充订货决策以及具体补货作业的功能子系统。当顾客需求开始消耗现有存货时，补货系统需要根据以往的经验，或者相关统计技术方法，或者计算机系统的帮助确定最优库存水平和最优订购量，并根据所确定的最优库存水平和最优订购量，在库存低于最优库存水平时发出存货订购指令。其目标是保持存货中的每一种产品都在目标服务水平下达到最优库存水平。

4.2.2 补货作业流程

补货作业的一般流程如图 4-4 所示。

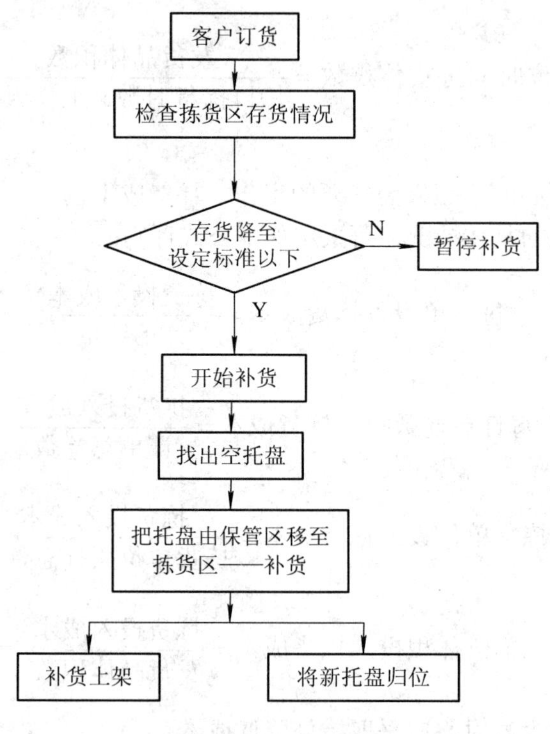

图 4-4　补货作业流程

4.2.3 补货作业方式

补货作业的目的是确保商品能保质、保量、按时送到指定的拣货区。补货的基本方式主要有以下几种：

1. 整箱补货

整箱补货是指由货架保管区补货到流动货架的拣货区。这种补货方式的保管区为料架储放区，动管分拣区为两面开放式的流动分拣区。分拣员分拣之后把货物放入输送机并运到发货区，当动管区的存货低于设定标准时，则进行补货作业。这种补货方式由作业员到货架保管区取货箱，用手推车载箱至拣货区。整箱补货方式较适合于体积小且量少样多出货的货品。

2．托盘补货

这种补货方式是以托盘为单位进行补货。托盘由地板堆放保管区运到地板堆放动管区，分拣时把托盘上的货箱置于中央输送机送到发货区。当存货量低于设定标准时，立即补货，使用堆垛机把托盘由保管区运到分拣动管区，也可把托盘运到货架动管区进行补货。这种补货方式适合于体积大或出货量多的货品。

3．货架上层与货架下层的补货方式

此种补货方式，保管区与动管区属于同一货架，也就是将同一货架上的中下层作为动管区，上层作为保管区，而进货时则将动管区放不下的多余货箱放到上层保管区。当动管区的存货低于设定标准时，利用堆垛机将上层保管区的货物搬至下层动管区。这种补货方式适合于体积不大，存货量不多，且多为中小量出货的货物。

4.2.4　补货作业时机

补货作业的发生与否应视动管拣货区的货量是否符合需求而定，究竟何时需检查动管区存量，何时需将保管区的货补至动管区，成为掌握补货作业时机的关键。配送中心应避免拣货中途才发觉动管区的货量不够，还要临时补货影响整个出货时间的情况发生。

1．批量补货

批量补货是指每天由电脑计算所需货物的总拣取量，在查询动管区存货量后得出补货数量，从而在分拣货之前一次性补足，以满足全天的分拣量。这种一次补足的补货原则，较适合于一日内作业量变化不大、紧急插单不多或是每批次拣取量大的情况。

2．定时补货

定时补货是指把每天划分为几个时点，补货人员在固定时段内检查动管分拣货区货架上的货品存量，若不足则及时补货。这种方式适合分批分拣时间固定且紧急订单处理较多的配送中心。

3．随机补货

指定专门的补货人员，随时巡视动管拣货区的物品存量，有不足随时补货的方式。此为“不定时补足”的补货原则，较适合每批次拣取量不大、紧急插单多、一日内作业量不易事前掌握的情况。

4.2.5　补货作业的注意事项

1．取货时的注意事项

(1) 核对取货位(库位)、货品代码、名称。

(2) 发现包装损坏、内装不符、数量不对，应及时反馈给信息员处理。

(3) 维护好周转区的货品。

(4) 按规定动作开箱。

(5) 轻拿轻放，取货完成后整理货位上的货品。

(6) 作业标准及时、准确。

2. 补货上架的注意事项

(1) 从周转区拣取货品时核对取货位、货品代码、名称。

(2) 一种货品对应一个拣货位。

(3) 尽量全部补到拣货位上。

(4) 把货品整齐放到拣货位上。

3. 其他注意事项

(1) 主动补货。

(2) 及时查询，及时补充。

(3) 结束后清洁卫生。

(4) 作业标准及时、准确。

【小结】

本章主要包括分拣作业和补货作业两个方面。在分拣作业方面，主要对基本概念、分拣方法（通过几种方法的比较进一步加深理解）、分拣策略、分拣设备、分拣作业评价进行了详细的介绍；而补货作业方面，介绍了补货的概念、一般流程、作业方式、作业时机，并对补货作业过程中的注意事项进行了总结。

【关键概念】

分拣，分区，订单分割，订单分批，补货，批量补货，定时补货，随机补货。

【练习思考】

1. 简述分拣作业的基本流程。
2. 比较几种分拣作业方法的优缺点。
3. 对分拣作业的评价可以从哪些方面进行？
4. 简述补货作业的基本方式。
5. 如何选择补货作业的时机？

实 训 实 践

海星配送中心接到来自三个不同门店的订单，订单的具体内容如下：

门店一：

商品代码	商 品 名 称	单位	规格	数量	条 码
31031101	金力波瓶啤 640 ml	瓶	11 × 12	33	6926027711061
31030708	兰得利蓝特爽 640 ml	瓶	11 × 12	43	6926026526461
03091705	水森活纯净水 3800 ml	桶	11 × 12	33	6926026535261
03010302	可口可乐 600 ml	瓶	11 × 12	23	6926026535311
13010380	来一桶酸菜牛肉火锅面 137ML	碗	11 × 12	73	6925303773038

门店二：

商品代码	商 品 名 称	单位	规格	数量	条 码
03091705	水森活纯净水 3800 ml	桶	11 × 12	73	6926026535261
03010302	可口可乐 600 ml	瓶	11 × 12	53	6926026535311
13010380	来一桶酸菜牛肉火锅面 137 ml	碗	11 × 12	43	6925303773038
13070709	龙口粉丝香辣排骨 63 g	碗	11 × 12	23	6928537100045
53171101	双船卷纸 500 g	卷	11 × 10	13	6925623107845
13010952	农心大碗面 117 g	碗	1 × 12	8	6922343185145

门店三：

商品代码	商 品 名 称	单位	规格	数量	条 码
31031101	金力波瓶啤 640 ml	瓶	11 × 12	53	6926027711061
31030708	兰得利蓝特爽 640 ml	瓶	11 × 12	33	6926026526461
03010302	可口可乐 600 ml	瓶	11 × 12	53	6926026535311
13010380	来一桶酸菜牛肉火锅面 137 ml	碗	11 × 12	43	6925303773038
13070709	龙口粉丝香辣排骨 63 g	碗	11 × 12	23	6928537100045
53171101	双船卷纸 500 g	卷	11 × 10	13	6925623107845
13010952	农心大碗面 117 g	碗	1 × 12	8	6922343185145

问题：假如你是海星配送中心的分拣人员，请根据三个门店的订单进行货物分拣。

案例分析

电子商务平台与 ERP 的整合实现自动补货

建立一个电子商务网站，其前端面对公司的分销商、代理商、零售网点或各分支机构，除提供传统的产品信息、产品订购外，可以收集各网点的每天销售明细，掌握库存情况；后端和 ERP 的有效整合能保证前台订单得到及时处理，而且订单的处理情况可以在网上查询。通过在各网点设定标准库存，可以实现自动补货，即无需各网点提出补货请求，公司可根据收集的销售情况和掌握的库存情况，自动安排为每个网点补货。

例如，索尼公司拥有自己的 Vaio 笔记本电脑销售网络 Kiosk 和分经销商，一个经销商一般会有多个店铺。索尼公司需要了解这些分销商每天的销售情况、退货情况、换机情况，以便随时掌握市场动态，做出相应的调整。同时，索尼公司给各个分销商的补货通过自动机制实现。Grapecity 为索尼建立了 sonystyle 网站，并开发了网站和后台 SAP 相应的接口。为每个分销商设定一个账户，维护库存，掌握销售情况。网站上提供销售输入的页面，让各网点在线上传各自的销售情况，或者通过设定各网点系统与网站的接口，实现数据的自动批量上传。为每个销售网点设定标准库存，每天的销售会自动在库存中改变，一旦销售网点的库存低于标准库存，系统自动提醒公司给各网点补货。分销商、代理商等可以网上查询、订购、下载产品，了解公司的最新动态，与公司、各网点保持顺畅的沟通，可以在线查询订单的执行情况，及时上传销售数据，无需繁琐的报表工作，无需担心库存、补货，公司会自动通知、安排补货，有助于公司及时收集、了解各销售网点的销售、库存和退货情况，方便调控整个销售网络的销售，做市场分析、预测，调整销售策略，改善销售，通过自动补货等功能，保证分销商等的忠诚度。

方案实施后，分销商的销售积极性明显提高，切实做到了对客户的承诺（订单查询、退货等），促进了销售增长，提高了公司的利润业绩和市场占有率。

(资料来源：http://www.chinawuliu.com.cn，2009-08-20)

思 考 题

请根据上述案例，分析索尼公司补货系统的组成特点，说明该系统对降低成本和提高客户服务水平所起的作用。

项目五　配送加工作业

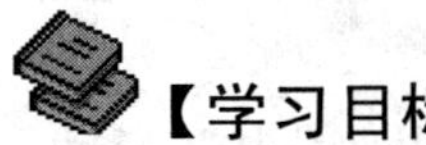

【学习目标】

1. 理解配送加工产生的原因
2. 清楚配送加工的地位和作用
3. 了解配送加工类型
4. 掌握配送加工方法和技术

任务一　配送加工作业概述

5.1.1　配送加工作业的概念

配送加工是指商品在从生产者向消费者配送过程中，为了增加附加价值、满足客户需求、促进销售，由配送中心设立加工场所，进行简单包装、分割、计量、分拣、组装、价格贴附、标签贴附、商品检验等的加工作业。配送加工作业如图5-1所示。

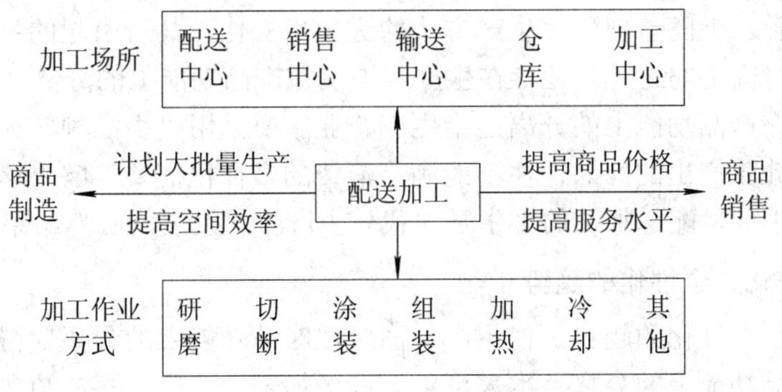

图5-1　配送加工作业图

配送加工是为了提高配送速度和商品利用率，按客户要求对商品进行一定程度的加工活动。配送加工通过改变或完善商品的形态来实现配送中心的“桥梁和纽带”的作用。由于配送加工并非在所有配送活动中必然存在，因此不少研究学者和书籍教材不把配送加工列入配送的主要功能，但在配送中心业务竞争日益激烈和客户配送要求个性化、多样化的背景下，配送加工越来越显示出它不可替代的重要地位和作用。

5.1.2 配送加工与生产加工的区别

配送加工和一般的生产型加工在加工方法、加工组织、生产管理方面的区别主要集中在以下几个方面：

(1) 配送加工的对象具有商品属性，而生产加工对象是原材料、零配件、半成品等非最终产品。

(2) 配送加工程度大多是简单加工，而不是复杂加工。生产过程完成大部分加工活动，配送加工是对生产加工的一种辅助及补充。如果必须进行复杂加工才能形成人们所需的商品，那么这种复杂加工应专设生产加工过程。

(3) 生产加工创造了商品的价值及使用价值，配送加工则是完善商品的使用价值或实现增值。

(4) 配送加工的组织者是配送中心，而生产加工的组织者是生产企业。

(5) 生产加工的目的是为了交换和消费，而配送加工除为了交换和消费的目的外，还有配送本身的目的，即纯粹是为配送创造更有利的条件。

5.1.3 配送加工的产生

1．现代化的生产方式

现代生产发展趋势之一就是生产的大型化、专业化。生产企业依靠单品种、大批量的生产方式降低生产成本以获取规模经济效益。随着经济的发展，生产的大型化、专业化程度越来越高，导致了生产的集中程度也越高。生产的高度集中化使得生产与消费之间产生了分离，分离首先表现在空间和时间上，即生产与消费不在同一地区，而是有一定的空间距离；生产与消费在时间上不一致，而是存在着一定的“时间差”，解决空间和时间分离的方法是运输与储存。但随着现代化生产方式的进一步深化，其所引起的生产与消费之间的分离除了空间和时间上的之外，还存在生产与消费在产品功能上的分离。

生产与消费在产品功能上的分离是指生产企业主要采用“少品种、大批量、专业化”的生产方式，因此生产出的产品往往不能满足消费的多样化需要。解决这种分离的方法，就是配送加工。因此，配送加工的产生是现代化生产方式发展的必然结果。

2．消费多样化、个性化的趋势

消费多样化、个性化的趋势，使生产与消费在产品功能上的分离变得更加严重。弥补生产与消费在产品功能上的分离，本来可以采取增加一道生产工序或消费单位加工改制的方法，但在消费多样化、个性化的趋势越来越强的背景下，采取上述弥补措施会增加生产及生产管理的复杂性，难以组织高效率、大批量的流通。因此，消费多样化、个性化的趋势为配送加工的产生开辟了道路。

3．效益观念的树立

配送加工一方面可以使生产企业获得大批量生产的成本优势，获得更多规模效益；另一方面又可以避免消费本身进行加工的各种浪费(原材料的浪费、加工设备的浪费、人力的浪费等)。配送加工以少量的投入获得较大的效益，是一种高效益的加工方式，自然获得了生产与消费环节的欢迎，得以产生与发展。

5.1.4 配送加工的作用

1．方便客户使用

中小商户临时需要的客户，往往缺乏进行高效率初级加工的能力，配送加工可省去客户在购买设备、人力、物力方面的投入，从而方便了客户。目前发展较快并受客户欢迎的初级加工有：冷拉钢筋及冲制异型零件；钢板预处理、整形、打孔等加工或将水泥加工成生混凝土；将原木或板方材加工成门窗等。

2．提高原材料利用率

配送加工可以将企业生产完工的规格产品按不同客户的需要进行集中下料。例如，将钢板进行剪板、切裁；钢筋或圆钢裁制成毛坯；木材加工成各种长度及大小的板、方等。集中下料可以优材优用、小材大用、合理套裁，有很好的技术经济效果。同时，加工量大而剩下的材料还可以集中利用，提高资源利用率。

3．提高加工设备利用率

配送中心建立集中加工点，购买使用技术先进、效率高、加工量大的专门设施设备，提高了加工质量，提高了设备利用率，提高了加工效率，最终降低了加工费用及原材料成本。例如，客户自己进行钢板下料时，一般采用气割的方法，需要留出较大的加工余量，不但出材率低，而且由于热加工容易改变钢的组织，加工质量也不好。配送中心购买技术先进的剪切设备，在一定程度上克服了上述缺点。

4．充分发挥各种输送手段的最高效率

运输主要分为两个阶段：第一阶段是在数量有限的生产厂与配送加工点之间进行定点、直达、大批量的远距离输送，可以采用船舶、火车等大量输送的手段；第二阶段是利用小型车辆来输送经过配送加工后的多规格、小批量、多用户的产品。将配送加工环节设置在消费地，可以充分发挥各种输送手段的最高效率，加快输送速度，节省运力、运费。同时，适当的包装或组装也可以提高车辆装载率，例如宜家家俱的扁平式包装以及再组装。

5．提高商品价值

在配送过程中，可以通过简单的作业，比如对时装或水蔬的简单加工或装饰，可以使产品的外形改观，从而提升它们的档次和价格，以获得更好的经济效益。

任务二　配送加工作业的类型与方法

5.2.1　配送加工作业的类型

1．为弥补生产领域加工不足的深加工

由于存在较多的限制因素，生产领域的加工只能将产品加工到一定程度，不能完全实现最终的加工。例如：钢材生产企业只能大规模的按标准规格生产各种钢材产品，使生产可以获得较高的效率与效益，使产品具有较强的通用性；木材的产地企业考虑到运输的便利性，在产地只能将砍伐下的木材加工到圆木、板材的程度。钢材、木材的进一步剪裁、下料等加工，则只能由配送加工环节完成。

2．为满足多样化需求进行的服务性加工

1) 以保存产品为主要目的配送加工

这种加工可以使产品的使用价值得到妥善保存，延长商品在生产与使用之间的期限。根据加工对象的不同，这种加工形式可表现为生活消费品的流通加工和生产资料的配送加工。

(1) 生活消费品的配送加工。它主要是为了服务顾客，促进销售，以消费者对消费对象的满意为目的。如：衣料品的标识和印记商标粘贴标价；家具组装；地毯剪接；水、蛋、肉产品保鲜、保质的冷冻、防腐加工等；丝、麻、棉织品的防虫、防霉加工等。

(2) 生产资料的流通加工。它主要是为了防止随着时间的推移，使生产资料使用价值下降幅度为最小。如：防止金属材料锈蚀而进行的喷漆、涂防锈油等措施，运用手工、机械或化学方法除锈；木材的防腐漆、防干裂加工；水泥的防潮、防湿加工；煤炭的防高温、自燃加工。

2) 为促进销售的配送加工

配送加工可以起到促进销售的作用。例如：将大包装或散装物分装成适合一次销售的小包装；将运输包装改换成以促进销售为主的装潢性包装；将零配件组装成用具和车辆；将蔬菜、肉类洗净切块等。这种配送加工一般不改变产品的状态与性质。

3) 为衔接不同输送方式的配送加工

现代化生产方式通过批量化生产、包装方式等来降低成本，但在消费一端的客户一般需要小批量、多品种，这就产生了输送方式的差异，即配送中心与生产衔接的一端需要大批量、高效率的输送，而与消费衔接的另一端需要多品种、少批量、多用户的输送，配送中心的加工可以解决这一矛盾。如把原来的大包装按用户的需求改成小包装，散装改成小包装，运输包装改成销售包装。

4) 为了提高原材料利用率的配送加工

利用配送环节集中加工代替分散在各个使用部门的分别加工，可以大大提高原材料的利用率，产生明显的经济效益。集中加工可以减少原材料的消耗，提高加工质量。

5）为提高配送效率，降低配送过程中损失的配送加工

有一些商品，由于自身形状特殊，在运输、装卸作业中效率低，为了挽回损失，需要进行适当的配送加工。如：自行车在消费地区装配加工，可以防止整车运输的低效率及高损失；石油天然气的液化加工，使很难运输的气态物变成容易输送的液态物，提高物流效率；将造纸用的木材磨成木屑进行压缩加工，可极大提高运输工具的装载效率。

3．生产—流通一体化的配送加工

生产—流通一体化的配送加工是指通过生产企业与配送中心的联系合作，使得生产与配送加工之间合理分工、合理规划、合理组织，统筹安排生产与配送加工的工作方式。主要用在既有生产企业又有配送中心的集团企业，例如麦当劳，配送中心为其配送半成品，最终产品在餐厅加工而成。

5.2.2　配送加工作业的方法

1．生鲜食品的配送加工

1）冷藏、冷冻加工

随着人们生活水平的提高，水产品、肉蛋类、蔬菜等都逐渐要求从产地到消费地进行一贯制冷藏、冷冻状态的包装、运输和保管。冷藏、冷冻的同时解决了水产品、肉蛋类、蔬菜等食品的保鲜及搬运装卸问题。

2）精制加工

精制加工是指在产地或销售地设置加工点，去除产品无用部分，也可以进一步进行切分、洗净、分装等加工，主要是对农、牧、副、渔等产品的加工。精制加工方便了购买者，同时可以对淘汰物进行综合利用。如：鱼类精制加工时剔除的内脏可以加工成某些药物或饲料，鱼鳞可以制成高级黏合剂，头尾可以做成鱼粉等；蔬菜的加工剩余物可做饲料、肥料等。

3）分装加工

大部分生鲜食品零售数量单位较小，为保证输送的高效率，供应商通常采用较大包装或者采用集装运输方式运达销售地区。到达销售地区后，需要按客户能接受的零售数量单位进行重新包装，即大包装改小包装，散装改小包装，运输包装改销售包装等。

2．生产原材料的配送加工

1）水泥的配送加工

水泥的配送加工是指在水泥配送加工点，将水泥、沙石、水以及添加剂按比例进行初步搅拌，然后装进水泥搅拌车，计算好运输时间，搅拌车一边行走，一边搅拌，到达工地后，搅拌均匀的混凝土直接进行浇注。

2）钢材的配送加工

钢材配送中心进行的专业钢板剪切加工能够采用专业剪切设备，按照客户要求的规格尺寸和形状进行套裁加工，精度高、速度快、废料少、成本低是其明显优点。它可以解决一般规模的生产企业自己单独剪切产生的原材料利用率不高、设备、人员浪费等问题。

3) 木材的配送加工

木材的配送加工有两种方式：第一种方式是树木在生长地被伐倒后，消费不在当地，不能连枝带杈地运输到消费地，必须首先去除树杈和树枝，再将原木运往消费地。同时去除下来的树杈、树枝、碎木、碎屑，可以在当地木材加工厂进行加工，制成复合木板，也可以将树木在产地磨成木屑，压缩后运往外地造纸厂造纸；第二种方式是在消费地的加工厂，将原木加工成板材，或按家具厂、木器厂的要求加工成各种形状的材料。对木材进行集中配送加工、综合利用，出材率可提高到72%，原木利用率达到95%。

4) 煤炭的配送加工

煤炭的配送加工包括：将煤炭在产地磨成煤粉，再用水调成浆状，就可以采用管道输送方式进行运输，提高运输效率；将煤炭磨成煤粉后，加工成取暖用的蜂窝煤供应居民；将采掘出来的杂煤，除去矸石，能增强煤炭的纯度，把混在煤炭里的垃圾、木片等杂质彻底拣除，可避免客户的索赔。

5) 平板玻璃的配送加工

平板玻璃的配送加工是指在消费比较集中的地区建玻璃配送加工中心，按照客户的需要对平板玻璃进行套裁和开片，可使玻璃的利用率从62%～65%提高到90%以上，降低玻璃的运输货损率，提高了玻璃的附加价值。

3．轻工产品的配送加工

自行车和助力车等轻工产品如果采用整车方式进行运输、保管和包装，则费用高，难度大，装载率低。由于这类产品装配简单，不需要进行精密调试和检测，所以可以将同类部件装箱，批量运输和储存，在出售前再组装。这种加工可以提高运载率，有效地衔接批量生产和分散消费。

4．服装的配送加工

服装的配送加工，不是指对服装原材料的套裁和批量缝制，而是指在批发商的仓库或配送中心进行对成品服装进行缝商标、拴价签、改换包装等简单的加工作业。这种加工作业越来越受到重视的主要原因是：消费者要求的苛刻化和退货的大量增加等。从商场退回来的衣服，一般都需要在配送中心重新分类、整理、改换价签和包装。

【小结】

配送加工是指商品在从生产者向消费者配送过程中，为了增加附加价值、满足客户需求和促进销售，由配送中心设立加工场所而进行的简单加工作业。配送加工产生的原因主要包括：现代化的生产方式、消费者个性化多样化需要的趋势、效益观念的树立。配送加工的作用包括：方便客户使用、提高原材料利用率和加工设备利用率、充分发挥各种输送手段的最高效率。配送加工的具体方法与技术包括：生鲜食品的配送加工、生产原材料的配送加工、轻工产品的配送加工、服装的配送加工等。

【关键概念】

配送加工，现代化生产方式，各种配送加工的方法，运输效率。

【练习思考】

1. 简述配送加工产生的原因。
2. 简述配送加工的作用。
3. 配送加工可以分成几种类型？
4. 简述配送加工的具体方法。
5. 论述配送加工可以产生的效益。

实训实践

实践调查配送加工的具体方法：

第一步：将学生分成若干个小组，明确各组的调查任务。如：第一组调查食品类的配送加工；第二组调查工业品的配送加工；第三组调查轻纺产品的流通加工等。

第二步：各小组通过各种途径到典型企业或利用网络调查不同类型配送加工的内容、方法。

第三步：各小组讨论、小结，并形成调查报告。

第四步：教师组织各小组间进行调查成果交流，要求各小组选派代表制作 PPT 课件解说。

第五步：指导教师为各小组进行考核评分，并进行总结讲评。

案例分析

上海联华生鲜食品加工配送中心物流案例

联华生鲜食品加工配送中心是我国国内目前设备最先进、规模最大的生鲜食品加工配送中心，总投资 6000 万元，建筑面积 35 000 平方米，年生产能力 20 000 吨，其中肉制品 15 000 吨，生鲜盆菜、调理半成品 3000 吨，其余为冷冻品以及南北货的加工配送。连锁经营的利润源重点在物流。物流系统好坏的评判标准主要有两点：物流服务水平和物流成本。本案例(联华生鲜食品加工配送中心)就是其中在这两个方面都做得比较好的一个物流系统。本案例中的软件系统，是由上海同振信息技术有限公司开发完成的。

生鲜商品按其秤重包装属性可分为：定量商品、秤重商品和散装商品；按物流类型可分为：储存型、中转型、加工型和直送型；按储存运输属性可分为：常温品、低温品和冷冻品；按商品的用途可分为：原料、辅料、半成品、产成品和通常商品。生鲜商品大部分需要冷藏，所以其流转周期必须很短；生鲜商品保值期很短，客户对其色泽等要求很高，所以在物流过程中需要快速流转。两个评判标准在生鲜配送中心通俗的归结起来就是“快”和“准确”。本文下面分别从几个方面来说明一下联华生鲜配送中心是如何做的。

一、订单管理

门店的要货订单通过联华数据通讯平台，实时的传输到生鲜配送中心，在订单上制定各商品的数量和相应的到货日期。生鲜配送中心接收到门店的要货数据后，立即在系统中生成门店要货订单，按不同的商品物流类型进行不同的处理：

(1) 储存型的商品：系统计算当前的有效库存，比对门店的要货需求以及日均配货量和相应的供应商送货周期，自动生成各储存型商品的建议补货订单，采购售货员根据此订单再根据实际的情况作一些修改即可形成正式的供应商订单。

(2) 中转型商品：此种商品没有库存，直进直出。系统根据门店的需求汇总，按到货日期直接生成供应商的订单。

(3) 直送型商品：根据到货日期，直接生成供应商直送订单，并通过 EDI 系统直接发送到供应商。

(4) 加工型商品：系统按日期汇总门店要货，根据各产成品或半成品的 BOM 计算物料耗用，比对当前有效的库存，系统生成加工原料的建议订单，生产计划员根据实际需求做调整，发送采购部生成供应商原料订单。

各种不同的订单在生成完成或手工创建后，通过系统中的供应商服务系统自动发送给各供应商，时间间隔在 10 分钟内。

二、物流计划

在得到门店的订单并汇总后，物流计划部根据第二天的收货、配送和生产任务制订物流计划。

(1) 线路计划：根据各线路上门店的订货数量和品种，做线路的调整，保证运输效率。

(2) 批次计划：根据总量和车辆售货员情况设定加工和配送的批次，实现循环使用资源，提高效率。在批次计划中，将各线路分别分配到各批次中。

(3) 生产计划：根据批次计划，制定生产计划，将量大的商品分批投料加工，设定各线路的加工顺序，保证配送和运输的协调。

(4) 配货计划：根据批次计划，结合场地及物流设备的情况，做配货的安排。

三、储存型物流运作

商品进货时先要接受订单、品种和数量的预检，预检通过方可验货。验货时需进行不同要求的品质检验，终端系统检验商品条码和记录数量。在商品进货数量上，定量的商品的进货数量不允许大于订单的数量，不定量的商品提供一个超值范围。对于需要重量计量的进货，系统和电子秤系统连接，自动去皮取值。

捡货采用播种方式，根据汇总取货，汇总单标识从各个仓位取货的数量，取货数量为本批配货的总量，取货完成后系统预扣库存，被取商品从仓库仓间拉到待发区。在待发区配货分配售货员根据各路线各门店配货数量对各门店进行播种配货，并检查总量是否正确，如不正确向上校核，如果商品的数量不足或其他原因造成门店的实配量小于应配量，配货售货员通过手持终端调整实发数量，配货检验无误后使用手持终端确认配货数据。在配货时，冷藏和常温商品被分置在不同的待发区。

四、中转型的物流运作

供应商送货同储存型物流先预检，预检通过后方可进行验货配货；供应商把中转商品卸货到中转配货区，中转商品配货员使用中转配货系统按配货指令的指定执行，贴物流标签。将配完的商品采用播种的方式放到指定的路线门店位置上，配货完成统计单个商品的总数量或总重量，根据配货的总数量生成进货单。中转商品以发定进，没有库存，多余的部分由供应商带回，如果不足在门店间进行调剂。

三种不同类型的中转商品的物流处理方式：

1. 不定量但需称重的商品

(1) 设定包装物皮重。

(2) 由供应商品将单件商品上秤，配货员负责系统分配及其他控制性的操作。

(3) 电子秤称重，每箱商品上贴物流标签。

2. 定量的大件商品

设定门店配货的总件数，汇总打印一张标签，贴于其中一件商品上。

3. 定量的小件商品

(1) 在供应商送货之前先进行虚拟配货，将标签贴于周转箱上。

(2) 供应商送货时，取自己的周转箱，按箱标签上的数量装入相应的商品。

(3) 如果发生缺货，将未配货的门店(标签)作废。

五、加工型物流运作

生鲜的加工按原料和成品的对应关系可分为两种类型：组合和分割，两种类型在BOM设置和原料计算以及成本核算方面都存在着很大的差异。在 BOM 中每个产品设定一个加工车间，只属于唯一的车间，在产品上区分最终产品、半成品和配送产品，商品的包装分为定量和不定量的加工，对于称重的产品或半成品需要设定加工产品的换算率(单位产品和标准重量)，原料的类型区分为最终原料和中间原料，设定各原料相对于单位成品的耗用量。

生产计划或任务中需要对多级产品链计算嵌套的生产计划或任务，并生成各种包装生产设备的加工指令。对于生产管理，在计划完成后，系统按计划内容出标准领料清单，指导生产人员从仓库领取原料以及生产时的投料。在生产计划中考虑产品链中前道与后道的衔接，各种加工指令、商品资料、门店资料、成分资料等下发到各生产自动化设备。加工车间人员根据加工批次加工调度，协调不同量商品间的加工关系，满足配送要求。

六、配送运作

商品分拣完成后，都堆放在待发库区，按正常的配送计划，这些商品在晚上送到各门店，门店第二天早上将新鲜的商品上架。在装车时按计划依路线门店顺序进行，同时抽样检查准确性。在货物装车的同时，系统能够自动算出包装物(笼车、周转箱)的各门店使用清单，装货人员也据此来核对差异。在发车之前，系统根据各个配载情况做出各运输车辆的随车商品清单及各门店的交接签收单和发货单。

商品到门店后，由于数量的高度准确性，在门店验货时只要清点总的包装数量，退回上次配送带来的包装物，完成交接手续即可。一般一个门店的配送商品交接只需要 5 分钟。

(资料来源：http://www.zhongsou.net，2007-08-06.)

思 考 题

请根据上述案例，分析上海联华生鲜食品加工配送中心开展了哪些配送业务？

项目六　配装与送货作业

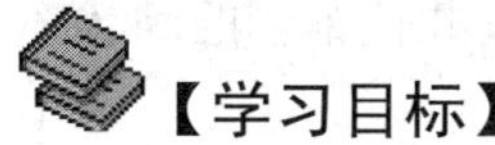

【学习目标】

1. 熟悉配装作业基本流程
2. 了解配送车辆配载作业技术
3. 了解车辆安排的原则与方法
4. 掌握 GPS 技术在送货业务中的应用

任务一　配 装 作 业

6.1.1　配装作业的概念

配装是配送中心的一个重要作业环节。配送中的“送”是通过集货、分拣、配货等环节，使送货达到一定规模，并利用规模优势实现较低的送货成本。因此，当单个客户的配送货物数量不能达到车辆有效载运负荷时，应将多个客户的配送货物进行搭配装载，达到充分利用运输能力的目的，即通过有效配装提高配送运输的效率，降低配送运输成本。配送中心的配装作业就是指在面对同一时间有很多种不同的货物需要配送，且可供选择的运输车辆有很多种的情况下，选择合适的运输车辆，用合适的方法进行装车作业，以最小的运输成本，合理、快速地进行配送。

6.1.2　配装作业的内容

1. 配送车辆的安排

1) 配送车辆安排的含义

当物流系统中存在有若干台车辆、若干个配送中心和若干个客户时，合理安排车辆的行车路线和出行时间，将客户需求的货物从配送中心送到客户处。

2) 配送车辆安排的目标

(1) 配送总里程最短。配送里程与配送车辆的耗油量、磨损程度以及司机疲劳程度等直接相关，直接决定了运输的成本，对配送业务的经济效益有很大影响。配送里程计算简便，是确定配送路线时最常用的指标。

(2) 综合费用最低。配送活动中，与取、送货有关的费用主要包括有：车辆维护和行驶费用、车队管理费用、货物装卸费用、有关人员工资费用等。降低综合费用是实现配送业务经济效益的基本要求。

(3) 准时性最高。如果客户对交货时间有较严格的要求，为提高配送服务质量，有时需要将准时性最高作为确定配送路线的目标。

(4) 运力利用最合理。该目标是指使用较少的车辆完成配送任务，并使车辆的满载率最高，以充分利用车辆的装载能力。

3) 常见配送车辆的种类

配送中心使用的车辆主要有以下几种：

(1) 普通货车。按载重量的不同分为轻型货车、中型货车、重型货车；按有无车厢分为平板车、标准挡板车和高挡板车。

① 轻型货车。载重吨位在 2 吨以下，较多为低货台，人力装卸比较方便，主要用于市内运输、集货、配送等。

② 中型货车。载重吨位为 2～8 吨，比较多的用于城市与城市以及城市与乡村间的运输。

③ 重型货车。载重吨位在 8 吨以上，通常为高货台，主要用于长途干线的运输。

(2) 厢式货车。厢式货车有载货车厢，具有防雨、隔尘等功能，安全性能好，能防止货物散失、被盗等。但由于车辆的自重较大，无效运输比例较高。

① 按货厢高度分为高货厢、低货厢两种。高货厢底座为平板，虽不大适合人力装卸，但车上堆垛没有障碍；低货厢的货台在车轮位置有凸起，影响装车。

② 按开门方式分为后开门式、侧开门式、两侧开门式、侧后开门式、顶开式和翼式。后开门式适于后部装卸，方便手推车进入装卸，车后部与站台接近，占用站台位置短，有利于多辆车同时装卸；侧开门式适于边部叉车装卸，货车侧部与站台接近，占用站台长度较长；顶开式适于吊车装卸；翼式适于两侧同时装卸。

(3) 专用车辆。专用车辆适合装运某些特定的、用普通货车或厢式货车装运效率较低的货物。专用车辆的通用性较差，一般只能单程装运，运输成本高。主要包括：汽车搬运车、水泥车、油罐车、洒水车、混凝土搅拌车、挂肉车等。

(4) 自卸车。自卸车可以使运输与装卸有机结合，在没有良好的装卸设备的条件下，依靠车辆本身的附件设备进行装卸作业。如翻卸车、随吊车、尾部带升降板的尾板车等。

(5) 牵引车和挂车。它们又称拖车，是专门用于拖车和牵引挂车的。牵引车分为全挂式和半挂式两种。挂车本身没有发动机驱动，通过杆式或架式拖车装置，由牵引车或其他的汽车牵引，而挂车只有与牵引车或其他汽车一起组成汽车列车，才能构成一个完整的运输工具。

4) 配送车辆安排的主要组成要素

(1) 货物。将每个客户需求的货物看成一批货物，每批货物均包括品名、重量、包装、体积、要求送到的时间和地点、能否分批配送等属性。货物送到的时间和地点是制定车辆的出行时间和配送路线的依据。

(2) 车辆。车辆是货物的运载工具。其主要属性包括：车辆的类型、装载量、一次配送的最大行驶距离等。

(3) 配送调度中心。配送调度中心也称为物流基地、物流据点，是指进行集货、分货、配货、配装、送货作业的配送中心、仓库、车站、港口等。

(4) 客户。客户包括分仓库、零售商店等。客户的属性包括需求货物的数量、需求货物的时间、需求货物的次数及需求货物的满足程度等。

(5) 约束条件。

① 满足所有客户对货物品种、规格、数量的要求。

② 满足客户对货物发到时间范围的要求。

③ 在允许通行的时间进行配送。

④ 车辆在配送过程中的实际载货量不得超过车辆的最大允许装载量。

⑤ 在配送中心现有运力范围内。

2. 车辆配载

由于配送货品的品种和特性各异，为提高配送效率，确保货物质量，必须首先对配送货物进行分类。

1) 车辆配载的原则

(1) 轻重搭配的原则。车辆装货时，必须将重货置于底部，轻货置于上部，避免重货压坏轻货，并使货物重心下移，从而保证运输安全。

(2) 大小搭配的原则。为充分利用车厢的内容积，可在同一层或上下层合理搭配不同尺寸的货物，以减少箱内的空隙。

(3) 货物性质搭配原则。拼装在一个车厢内的货物，其化学性质、物理属性不能互相抵触。如不能将散发臭味的货物与具有吸臭性的食品混装；不将散发粉尘的货物与清洁货物混装。

(4) 到达同一地点的适合配装的货物应尽可能一次配载。

(5) 确定合理的堆码层次及方法。可根据车厢的尺寸、容积，货物外包装的尺寸来确定。

(6) 装载时不允许超过车辆所允许的最大载重量。

(7) 装载易滚动的卷状、桶状货物，要垂直摆放。

(8) 货与货之间，货与车辆之间应留有空隙并适当衬垫，防止货损。

(9) 装货完毕，应在门端处采取适当的稳固措施，以防开门卸货时，货物倾倒造成货损。

(10) 尽量做到“后送先装”。

2) 提高车辆配载的方法

(1) 研究各类车厢的装载标准，根据不同货物和不同包装体积的要求，合理安排装载顺序，努力提高装载技术和操作水平，力求装足车辆核定吨位。

(2) 配送中心根据经营商品的特性，配备合适的车型结构，使客户所需要的货物能够调派适宜的车型承运。

(3) 凡是可以拼装运输的，尽可能拼装运输，但要注意防止差错。

3. 配送车辆的装载与卸载

1) 装卸的基本要求

(1) 装车前应对车厢进行检查和清扫。因货物性质不同，装车前需对车辆进行清洗、消毒，必须达到规定要求。

(2) 确定最恰当的装卸方式。在装卸过程中，应尽量利用货物本身的重量进行装卸。如利用滑板、滑槽等。同时应考虑货物的性质及包装，选择最适当的装卸方法，以保证货物的完好。

(3) 力求减少装卸次数。配送过程中，装卸作业环节不仅不增加货物的价值和使用价值，反而有可能增加货物破损的几率和延缓整个配送作业速度，从而增加配送作业成本。

(4) 防止货物装卸时的混杂、散落、漏损、砸撞。特别要注意有毒货物不得与食用类货物混装，性质相抵触的货物不能混装等。

(5) 装车的货物应数量准确，捆扎牢靠，做好防丢措施。卸货时应清点准确，码放、堆放整齐，标志向外，箭头向上。

(6) 提高货物集装化或散装化作业水平。成件货物集装化，粉粒状货物散装化是提高作业效率的重要手段。成件货物应尽可能集装成托盘系列、集装箱、货捆、货架、网袋等货物单元再进行装卸作业。各种粉粒状货物尽可能采用散装化作业，直接装入专用车、船、库。

2) 装卸工作组织

(1) 制定合理的装卸工艺方案。尽量采用“就近装卸”方法或用“作业量最小”法，尽量减少“二次搬运”和“临时放置”，使搬运装卸工作更合理。

(2) 提高装卸作业的连续性。装卸作业应按流水作业原则进行，工序间应合理衔接，必须进行换装作业的，应尽可能采用直接换装方式。

(3) 相对集中或固定装卸地点。装载、卸载地点相对集中，便于装卸作业的机械化、自动化，可以提高装卸效率。

(4) 制定标准化的装卸设施与工艺。装卸作业各工艺阶段间的工艺装备、设施与组织管理工作相互配合，尽可能减少因装卸环节造成的货损货差。

任务二 送货作业

6.2.1 送货作业的含义

送货作业是指利用运输车辆把客户需要的货物从生产企业、批发商、经销商或配送中心，送到客户的过程。送货通常是一种短距离、小批量、多品种、高频率的运输形式，以高水平的服务为目标，以满足客户需求为宗旨。对于配送中心来说，送货作业就是指利用货车等运载工具将货物从配送中心送至客户的作业。送货作业流程基本分为九步，如图 6-1 所示。

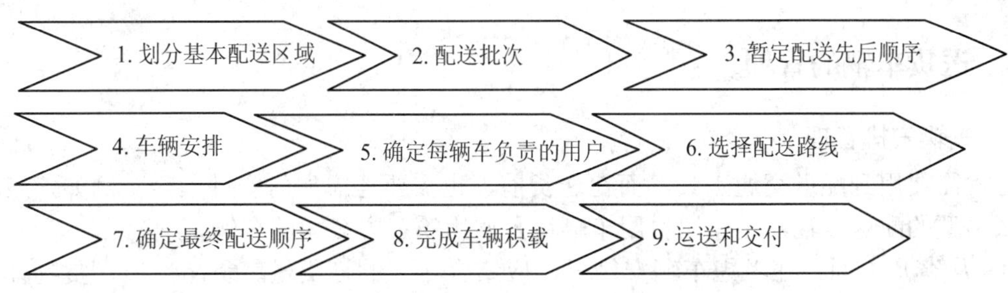

图 6-1　送货作业流程

送货是配送的最后一道环节，对于配送中心来说是非常重要的，因为它直接与客户接触。若对送货作业没有很好地管理，最直接的影响是费用和成本的增加，同时也会使客户满意度下降。所以，送货作业管理至关重要。

6.2.2　送货作业的要求

1. 时效性

时效性是指在指定的时间内交货，是客户最重视的因素之一。送货作业是配送中心各项作业中的最后一个阶段，是最容易延误并且无法弥补的作业阶段。同时，如果配送中心的内部作业阶段存在稍微的延迟，那么一个合理的送货作业计划就能补救延迟的时间，因此送货作业是控制时效的关键点。配送时效性较差的原因，除司机本身问题外，一般包括：选择的送货路径、路况不当；中途客户点卸货不易；客户未能及时配合等。因此，配送中心需要合理设计配送路径，增加卸货人员。

2. 可靠性

可靠性是指将客户需要的货物完好无损地送达目的地。实现可靠性目标的关键是送货人员的责任心和素质，具体包括：装、卸货时的细心程度，运送过程中对物品的保护，对客户地点及作业环境的了解等。

3. 便利性

送货作业需要让客户感受方便。因此，送货作业计划的编制及送货作业的实施应采用较灵活的系统，能够随时为客户提供便利的服务，例如紧急送货、信息传送、顺道退货、辅助资源回收等。

4. 经济性

经济性是指以较低的成本进行送货作业。客户不仅对送货作业的服务品质有要求，价格也是客户所重视的。因此，当配送中心送货作业可以高效率和低成本的运作时，对客户的收费也会降低，就更能受到客户的青睐。

5. 沟通性

送货人员直接与客户接触，他们在把货物交送给客户时所表现出的态度、反应会给客户留下直接的印象，无形中成为配送中心形象的体现。因此，送货人员应该学习和掌握与客户有效沟通的基本方法，并具备良好的服务态度。这些将有利于维护配送中心的形象，并提高客户对配送中心的忠诚度。

6.2.3 送货车辆的管理

1．车辆安排管理

送货需要用到配送交通工具，而在送货前，也需要考虑如何安排车辆。例如，应该安排什么类型的配送车辆，是使用自用车辆还是雇用第三方公司的车辆？

(1) 从客户方面，在考虑车辆安排时，应结合客户的订货量、货品性质、货物体积与重量等。

(2) 从企业方面，应事先知晓到底哪些车辆可以安排、调派，以及这些车辆的容积和载重量。同时，也应考虑成本，是选择自有车辆还是外雇车辆？

大多数配送中心会采用车辆管理系统来进行车辆调度，根据订单货物的重量、体积、数量及类型，给出备选车型，再根据车辆实际忙闲程度，给出备选车辆。车辆调度员可结合车辆管理系统，合理安排车辆。

2．送货车辆的 GPS 管理

1) GPS 技术

GPS(Global Positioning System，全球定位系统)是结合了卫星及无线技术的导航系统，具备全天候、全球覆盖、高精度的特征。它能够实时、全天候地为全球范围内陆地、海上、空中的各类目标提供持续、实时的三维定位，同时提供三维速度及精确的时间信息。

2) GPS 管理的具体内容

(1) GPS 车辆跟踪管理系统。利用 GPS 和电子地图实时显示出车辆的实际位置并随目标移动，使目标车辆始终保持在屏幕上；也可打开多个窗口，对多个车辆实现多屏幕同时跟踪，还可以提供送货路线的规划和导航。

(2) 信息查询系统。信息查询系统使用户能够在电子地图上根据需要进行查询，实时了解送货车辆的相关信息。

(3) 话务指挥系统。指挥中心可以监测区域内车辆的运行状况，对被监控车辆进行合理调度。指挥中心也可随时与被跟踪目标通话，实行管理。

(4) 紧急援助系统。可以通过 GPS 定位和监控管理系统对遇有险情或发生事故的车辆进行紧急援助。监控台的电子地图可显示求助信息和报警目标，规划出最优援助方案，并以报警声、光信号提醒值班人员进行应急处理。

GPS 管理可有效地提高车辆运输效率，对特殊情况的响应速度快，有助于配送中心合理和快速解决问题。但是，GPS 本身也存在一些缺陷，例如无法给出规划道路的宽度和桥洞的高度等。

6.2.4 送达服务

当货物送达到指定的交货地点后，送货人员应根据双方合同的约定，协助客户将货物卸下车，放到指定位置，并与客户一起清点货物，做好送货完成确认和送货单签字确认工作。如果客户有退货、调货的要求，则应随车带回，并完成有关单证手续。

6.2.5　送货作业效率的提高

1．避免交错送货

避免交错送货可以提高配送中心送货的效率。例如，将原来直接由各工厂送至各客户的零散路线，利用配送中心进行整合并调配转送，这样可以缩短运输距离，并减轻交通网络的负担。

2．构建完善的信息系统

一个完善的送货作业信息系统可以根据货物的形状、体积、重量及车辆的装载能力等，自动安排车辆类型和装载方式，形成配车计划；可以根据交货时间、车辆最大积载量、客户订货量及重量选择最经济的配送方法。

3．提高车辆通信设施的水平

提高车辆通信设施的水平，利用现代化的通讯技术，配送中心可以把握车辆及司机的状况、向司机传达道路信息或气象信息、掌握车辆作业状况及装载状况、传达紧急信息指令、提高运行效率及安全运转。

4．使用标准化的包装容器

采用标准化的包装容器，如托盘，可以使送货作业中货物的搬运、装卸效率提高，更好地配合配送车辆的吨位、配载方式，以达到“路程最短、吨公里最小”的目标。

5．发展直配、直送

配送中心可以将客户的订货单通过网络直接传输给厂商，这样就可以将产品从厂商的物流中心送到各零售店。直配、直送的方式可以简化配送的程序，使代理商和批发商不设存货，下游客户信息能很快地传达到上游生产企业。

6．共同配送

多家企业共同参与只有一家运输公司独立经营的配送企业，这样可以提高车辆装载率，共同降低成本。

7．配送规划

提前做好配送规划。例如，要提前考虑到客户公布、道路网络、车辆限行和限制等，还要考虑到一些动态因素(如车流量、客户变动、车辆变动等)。

【小结】

配送中心的配装作业就是指在面对同一时间有很多种不同的货物需要配送，且可供选择的运输车辆有很多种的情况下，选择合适的运输车辆，以最小的运输成本，合理、快速地进行配送。配装作业的具体内容包括：配送车辆的安排、车辆配载、配送车辆的装载与卸载、货物的绑扎作业。送货作业是指利用运输车辆，把客户需要的货物从生产企业、批发商、经销商或配送中心送到客户的过程。送货作业的服务要求是：时效性、可靠性、便利性、经济性、沟通性。提高送货作业效率的措施是：避免交错送货，构建完善的信息系统，提高车辆通信设施的水平，使用标准化的包装容器，发展直配、直送。

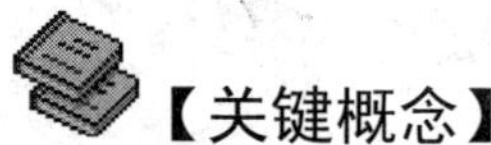
【关键概念】

配装、车辆安排、装卸、送货作业、GPS 技术。

【练习思考】

1. 配送车辆安排的目标是什么？
2. 配送车辆安排的主要组成要素是什么？
3. 车辆配载的原则是什么？
4. 提高车辆配载的方法有哪些？
5. 送货作业的服务要求是什么？
6. 提高送货作业效率的措施有哪些？

实 训 实 践

分组模拟进行配装与送货作业

第一步：将学生分为若干个小组，明确岗位角色，如：第一组分货，第二组配货检查，第三组包装、打捆，第四组车辆调度，第五组车辆配装，第六组运送、送达服务与交割、费用结算，第七、八组为模拟客户。

第二步：各小组明确各自的职责范围，明确相应的岗位职责要求，按活动要求做好相关单证准备工作。

第三步：各小组相互配合，按流程完成配货和送货作业。流程一：分货，流程二：配货检查，流程三：包装、打捆，流程四：车辆调度，流程五：车辆配装，流程六：运送，流程七：送达服务与交割，流程八：费用结算。

第四步：各小组互换岗位角色，再次模拟配货和送货业务流程。

第五步：各小组进行小结，实训学生填写实训报告。

第六步：指导教师对各小组进行考核评分，并进行总结讲评。

案 例 分 析

百胜物流降低连锁餐饮企业的运输成本

对于连锁餐饮行业，靠物流手段节省成本并不容易。然而，作为肯德基、必胜客等业内巨头的指定物流提供商，百胜物流公司抓住运输环节大做文章，通过合理地运输安排，降低配送频率，实施歇业时间送货等优化管理方法，有效地实现了物流成本的“缩水”，给业内管理者指出了一条细致而周密的降低物流成本之路。对于连锁餐饮业(QSR)来说，由于原料价格相差不大，物流成本始终是企业成本竞争的焦点。据有关资料显示，在一家连锁餐饮企业的总体配送成本中，运输成本占到60%左右，而运输成本中的55%～60%又是可以控制的。因此，降低物流成本应当紧紧围绕运输这个核心环节。

(一) 合理安排运输排程

运输排程的意义在于，尽量使车辆满载，只要货量许可，就应该做相应的调整，以减少总行驶里程。由于连锁餐饮业餐厅的进货时间是事先约定好的，这就需要配送中心按照餐厅的需要，制作一个类似列车时刻表的主班表，此表是针对连锁餐饮餐厅的进货时间和路线详细规划制定的。众所周知，餐厅的销售存在着季节性波动，因此主班表至少有旺季、淡季两套方案。有必要的话，应该在每次营业季节转换时重新审核运输排程表。安排主班表的基本思路是：首先计算每家餐厅的平均订货量，设计出若干条送货路线，覆盖所有的连锁餐厅，最终达到总行驶里程最短、所需司机人数和车辆数最少的目的。规划主班表远不是人们想象的那样简单。运输排程的构想最初起源于运筹学中的路线原理，其最简单的模型是从起点A到终点O有多条路径可供选择，每条路径的长度各不相同，要求找到最短的路线。实际问题要比这个模型复杂得多，首先，需要了解最短路线的点数，从几个点增加到成百甚至上千个点，路径的数量也相应增多到成千上万条。其次，每个点都有一定数量的货物流需要配送或提取，因此要寻找的不是一条串联所有点的最短路线，而是每条串联几个点的若干条路线的最优组合。另外，还需要考虑许多限制条件，比如车辆装载能力、车辆数目、每个点在相应的时间开放窗口等，问题的复杂度随着约束数目的增加呈几何级数增长。要解决这些问题，需要用线性规划、整数规划等数学工具，目前市场上有一些软件公司能够以这些数学解题方法作为引擎，结合连锁餐饮业的物流配送需求，开发出优化运输路线安排的软件。在主班表确定以后，就要进入每日运输排程，也就是每天审视各条路线的实际货量，根据实际货量对配送路线进行调整，通过对所有路线逐一进行安排，可以去除几条送货路线，至少能减少某些路线的行驶里程，最终达到增加车辆利用率、增加司机工作效率和降低总行驶里程的目的。

(二) 减少不必要的配送

对于产品保鲜要求很高的连锁餐饮业来说，尽力和餐厅沟通，减少不必要的配送频率，可以有效地降低物流配送成本。如果连锁餐饮餐厅要将其每周配送频率增加1次，会对物流运作的哪些领域产生影响？在运输方面，餐厅所在路线的总货量不会发生变化，但配送频率上升，结果会导致运输里程上升，相应的油耗、过路(桥)费、维护保养费和司机人工费用都要上升。在客户服务方面，餐厅下订单的次数增加，相应的单据处理作业也要增加。餐厅来电打扰的次数也相应上升，办公用品(纸、笔、电脑耗材等)的消耗也会增加。在仓储方面，所要花费的拣货、装货的人工会增加。如果涉及短保质期物料的进货频率增加，那么连仓储收货的人工都会增加。在库存管理上，如果涉及短保质期物料的进货频率增加，由于进货批量减少，进货运费很可能会上升，处理的厂商订单及后续的单据作业数量也会上升。由此可见，配送频率增加会影响配送中心的几乎所有职能，最大的影响在于运输里程上升所造成的运费上升。因此，减少不必要的配送，对于连锁餐饮企业显得尤为关键。

(三) 提高车辆的利用率

车辆时间利用率也是值得关注的，提高卡车的时间利用率可以从增大卡车尺寸、改变作业班次、二次出车和增加每周运行天数四个方面着手。由于大型卡车可以每次装载更多的货物，一次出车可以配送更多的餐厅，由此延长了卡车的在途时间，从而增加了其有效作业的时间。这样做还能减少干路运输里程和总运输里程。虽然大型卡车单次的过路(桥)费、油耗和维修保养费高于小型卡车，但其总体上的使用费用绝对低于小型卡车。运输成本是最大项的物流成本，所有别的职能都应该配合运输作业的需求。所谓改变作业班次，就是指改变仓库和别的职能的作业时间，以适应实际的运输需求，提高运输资产的利用率，否则朝九晚五的作业时间表只会限制发车和收货时间，从而限制卡车的使用。如果配送中心实行 24 小时作业，卡车就可以利用晚间二次出车配送，大大提高车辆的时间利用率。在实际物流作业中，一般会将餐厅分成可以在上午、下午、上半夜、下半夜 4 个时间段收货，据此制定仓储作业的配套时间表，从而将卡车利用率最大化。

(四) 尝试歇业时间送货

目前我国城市的交通限制越来越严，卡车只能在夜间时段进入市区。由于连锁餐厅运作一般到夜间 24 点结束，如果赶在餐厅下班前送货，车辆的利用率势必非常有限。随之而来的解决办法就是利用餐厅的歇业时间送货。歇业时间送货避开了城市交通高峰时段，既没有顾客的打扰，也没有餐厅运营的打扰。由于餐厅一般处在繁华路段，夜间停车也不用像白天那样有许多顾忌，可以有充裕的时间进行配送。由于送货窗口拓宽到了下半夜，使卡车可以二次出车，提高了车辆利用率。在餐厅歇业时段送货的最大顾虑在于安全。餐厅没有员工留守，司机必须有餐厅钥匙，掌握防盗锁的密码，餐厅安全又多了一层隐患。卡车送货到餐厅，餐厅没有人员当场验收货物，一旦发生差错很难分清到底是谁的责任，双方只有按诚信的原则妥善处理纠纷。歇业时间送货要求配送中心和餐厅之间有很高的互信度，这样才能将系统成本降低。所以，这种方式并非在所有地方都可行。

(资料来源：www.hezhici.com/sort/meal03/2007-6/4/1114 ，2009-2-20)

思 考 题

请根据上述案例资料，分析百胜集团是如何降低送货成本的？

项目七　退 货 作 业

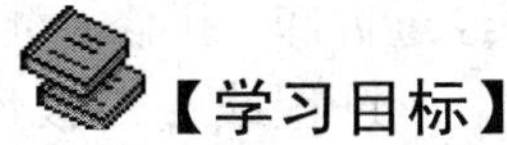
【学习目标】

1. 理解配送中心退货的重要性和必要性
2. 掌握配送中心退货作业流程
3. 掌握配送中心退货管理的重点
4. 掌握配送中心减少退货的手段

任务一　退货作业概述

7.1.1　退货作业的含义

退货是指在完成配送活动中，由于配送中心或者用户对配送货物的有关影响因素存在异议或其他情况，而将货物退回配送中心进行处理的一项作业活动。退货物流正在成为企业竞争中的重要组成部分，通过良好的退货政策，采取一定的退货管理手段，配送中心可以对退货成本和客户服务水平进行平衡，在维持客户满意度甚至提高客户满意度的前提下，努力减少退货数量，降低经营管理费用，提高营运绩效。

退货物流属于逆向物流。逆向物流按照回收物品的特点可分为退货逆向物流和回收逆向物流。退货逆向物流是指下游顾客将不符合订单要求的产品退回给上游供应商的流程。回收逆向物流则是指将最终客户所持有的废旧物品回收到供应商各节点企业的流程。退货作为逆向物流组成部分之一，其在国内外的产生、发展历史并不长。经济发展的同时，环境污染问题日趋严重。在公众的环保意识日益增强、环保法规约束力不断加大的背景下，实施逆向物流计划，能使生产者承担产品废弃后的回收利用责任，并能促使生产者更加关注其产品设计和使用阶段的环保性。在上世纪末，逆向物流引起了国外发达国家的重视，逆向物流不断发展。

根据美国逆向物流专家(Rogers 和 Tibben Lembke，1999)的一项调查研究显示，全部物流成本占美国经济总量的 10.7%，逆向物流成本约占总物流成本的 4%，1997 年约为 350 亿美元。美国 1/3 以上的企业关心自己产品的最后处置问题。特别在汽车零部件制造业、电子产品制造业、出版业和目录销售等行业，实施逆向物流具有非常重要的意义。据汽车零部件再制造协会的估计，全世界每年通过再制造而节约的原材料可以装满 155 000 节车皮，可以排列成 1100 英里长的火车。可见，其经济利益是非常可观的。

目前，许多国际知名的 IT 企业已将逆向物流战略作为强化其竞争优势的主要手段。例如，Sun Microsystems 拥有国际零部件翻修中心，来自亚洲或拉丁美洲的零件经过翻新，可以达到最新设计的要求；Hewlett-Packard 也经常采用翻新或改制的零件，以不同的方式再销售其产品；Thomson 家用电器公司委托第三方物流企业，将可回收的零部件运往墨西哥进行翻新。某些产品回收利用计划具有赢利前景，如有些零部件经过拆卸、拼修、翻新、改制等逆向物流活动，重新获得使用价值后，可直接进入产品生产过程或在二级市场(secondary markets)再销售。据 Rogers 和 Tibben Lembke(1999)的研究发现，在西方国家有许多这样的产品二级市场。在汽车、飞机的零部件制造业及电子产品制造业，使用翻新零部件已成为一种趋势。例如，美国宇航局重新利用改制与翻新的零部件使飞机制造费用节省了 40%～60%。在美国的地毯行业，很多大公司积极开展地毯回收计划，就是为了用低成本的回收尼龙代替昂贵的原材料，因为地毯中的 1/3～1/2 是纤维，而纤维中有 60%是尼龙。随着资源供求矛盾的突出，逆向物流的优势越来越显著。

物流产业作为国民经济的一个新兴产业，已成为国民经济新的增长点。然而目前我国对于废弃物物流的研究却很少。实际上，随着我国经济的不断发展，我们已面对日益增多的废弃物，以电子垃圾为例，我国从 2003 年开始，每年至少有 500 万台电视机、400 万台电冰箱、500 万台洗衣机需要报废，电脑、手机等电子垃圾也日趋增多。由于长期的各部门和地区分别管理，各自为政，导致了目前的许多废弃物无人管、无人治理的尴尬局面。我国逆向物流的发展还处在反应性阶段，回收物流管理还未引起全社会的关注，政府对于逆向物流管理的支持和规范管理也远远不够。我国各类企业中，除了一些外资企业具有逆向物流意识并建立起相应的系统外(比如 IBM、强生、雅诗兰黛、UPS 等)，国企、民营的大部分企业还处于认识阶段。他们或者不熟悉逆向物流，或是认为逆向物流投资成本太大，得不偿失。我国民众只注重废弃物的经济价值，城市垃圾缺乏分类收集意识，逆向物流在人们的心中还停留在废报纸、旧家电、手机、电脑、空瓶等物回收的初级阶段。同时，虽然退货管理已经引起部分企业的重视，但是重视的程度还远远不够。

7.1.2 退货作业的作用

1. 满足客户需要，吸引更多的客户

退货从表面上看，可能暂时减少配送中心的销售收入，但把退货工作做好，更能使客户对配送中心有信任感、依赖感，让客户对配送中心生成忠诚感，成为配送中心的忠诚客户。这样，客户在发现所购货物存在某些缺陷或在使用中发现问题时，往往就会主动向配送中心反馈信息，求得解决甚至主动出谋划策帮助解决，而不是通过投诉、向媒体披露等手段扩大事端。同时，忠诚的客户还会带动和影响自己周围人士发生同样的购买行为，从

而保证了配送中心销售量的不断上升。

2. 树立企业形象，增强企业的吸引力和竞争力

企业形象是指人们通过企业的各种标志(如产品特点、行销策略、人员风格等)而建立起来的对企业的总体印象，是企业文化建设的核心。在现代的市场经济中，企业形象是一种无形的资产和宝贵的财富，其价值还可能超过有形的资产。实践经验证明，不重视企业形象，即使有优质的产品和良好服务，也难以在竞争中取胜，甚至可能失败。配送中心和其他企业的生存与发展同样也取决于天时、地利、人和这三种因素。良好的企业形象能对影响它健康发展的三种因素进行积极的改变，从而达到增强企业核心竞争力，使企业在竞争中立于不败之地的效果。

(1) 良好的企业形象，可以得到公众的信赖，为企业的商品和服务创造出一种消费心理。企业的生存与发展，离不开社会公众的参与和关注，离不开广大客户的信赖与支持，而所有这些又都与企业形象关系密切。《日本公司经营》一书中提出："在商品日趋丰富的社会中，选择哪个公司的产品很大程度上取决于企业形象。"良好的企业形象会使客户慕名上门。

(2) 良好的企业形象，可以扩大企业的知名度，增加投资或合作者的好感和信心。一个企业具有了优良的形象，在需要融通资金时，各种投资机构都会乐于参与，在危机面前也会伸出援助之手。实力雄厚的企业会自动找上门来合作，从而使风险减小，企业发展基础更加稳固。

(3) 良好的企业形象，可以吸引更多人才加入，激发职工的敬业精神，创造更高的效率。有形之"财"易得，无形之"才"难求。企业之间的竞争归根到底是人才竞争。良好的企业形象，使人才感到这里的工作环境为他提供了用武之地，这里的用人制度能使自己的聪明才智得以发挥。企业形象好了，职工就有一种优越感和自豪感，使他们的工作热情高涨，工作效率不断提高。

3. 降低营销成本，获取更多经济利益

做好退货工作，可以不断提高客户的忠诚度，有利于降低营销成本，为企业获取更多的经济利益。客户的忠诚对竞争对手来说意味着较高的进入壁垒，竞争对手必须投入大量的资金，通常要经历一个阶段努力，并且伴有特殊风险，这往往会使竞争对手望而却步，从而有效地保护了现有市场。忠诚客户不仅会继续购买本配送中心的货物，还更容易购买本配送中心所提供的其他新产品，从而扩大销售范围，增加销售收入。另外，忠诚客户更有可能购买配送中心所提供的增值服务，从而增加配送中心的营业收入和利润源。

企业熟悉忠诚客户的利益与需求，在售前、售中、售后服务等环节上无需做得特别出色就可留住忠诚顾客，可节约大量的交易成本和沟通成本。忠诚客户往往会成为配送中心免费的广告宣传员，把自己愉悦的消费经历和消费体验直接向周围传递，带动和影响周围相同或者相似客户发生同样的购买行为，这就大大减少了配送中心所投入的广告宣传等市场营销费用，为企业获取更多的经济利益。

4. 充分利用购入物品，提高资源的利用率

配送中心购入的货物，最终配送对象无论是制造企业、商业企业还是消费者，都要进入生产消费或者生活消费，而退货则是货物被返回配送中心，没有实现其使用价值。配送中心通过对退回的货物进行进一步处理，合格品、可修复品通过流通或者返回制造企业修复后再次向客户配送，都能进入消费，实现其使用价值。对于不合格品，可以通过拆解，将其中可利用的零部件重复利用，既减少了废弃物处理的成本，还充分利用了资源，提高了资源利用率。

7.1.3 退货的原因

除依照协议可以退货外，对客户的退货原因进行认真分析，大体上可以分为两个方面：一是配送中心的责任，另一是客户的责任。

1. 属于配送中心的责任

(1) 配送中心所送货物有质量问题的，如客户对新鲜度不高、外观不佳、有质量缺陷等有瑕疵的货物，要求退回。

(2) 配送中心送货人员在搬运途中损坏包装或货物的。由于包装不良，货物在搬运中受到剧烈震动，造成破损或包装污损的商品，无法继续销售或者影响使用的，配送中心将给予退回。

(3) 配送中心所送货物已临近保质期或保存期的。众多货物特别是食品或药品都有相应的有效期或者保存期，如面包、速食以及加工肉制品等。货物的保质期或有效期一过就必须予以退货。或者虽然没有超过货物的保质期或有效期，但临近保质期或有效期，客户要求时也应当给予退货。

(4) 配送中心货物送错需要退回的。如因配送中心工作某环节出现失误，致使所送货物品种、规格、数量等出现错误。

(5) 生产厂商召回的。产品在设计、制造过程中存在问题，但在销售后，才被消费者或厂商发现，存有重大缺陷的商品，生产厂商采取召回措施。

2. 属于客户的责任

(1) 客户因市场条件发生变化，客户所订购货物销售不畅、库存过多要求退货的。

(2) 客户仓储管理不善原因要求退货的。

(3) 其他客户方面的原因要求退货的。

7.1.4 退货作业的原则

配送中心在处理客户的退货时，不管是客户的责任，还是配送中心的责任，都必须遵循一定的原则。

1. 责任原则

商品发生退货问题时，配送中心首先要确定产生问题的责任人，然后再确定是配送中心在配送时产生的问题，还是客户在保管等方面产生的问题。与此同时，配送中心还要鉴

别产生的问题是否是由己方产生，从而制订出最佳的解决方案。凡是属于配送中心方面的责任，一定要坚持无条件退货，属于客户方面的责任，也应当尽可能给予退货。

2. 费用原则

进行退货，无论对配送中心还是对客户都会造成收入的下降，同时，进行商品的退货要消耗双方特别是配送中心大量的人力、物力、财力。配送中心在实施退换商品时，除由配送中心自身原因导致的商品退换之外，通常需要对要求进行商品退换的客户加收一定的费用。

3. 条件原则

配送中心应当事先决定接收何种程度的退货，或者在何种情况下接收退货，客户可以据此判断能否退货。通常配送中心还规定相应的时间作为退换期限。例如，决定仅在“不良品或商品损伤的情况下接收退货”，或是“7 天之内，保证退货”等。这些退货的条件应当在配送中心的退货政策中事先规定并明确告知客户，甚至配送中心和客户签订合同中详尽规定退货的条件。满足配送中心退货政策或者符合双方合同规定的退货条件，应当立即给予退货。不能全部满足退货条件的，配送中心也要积极与客户沟通，消除或者减轻客户的不满。

4. 凭证原则

一般来说，配送中心接受退回的货物应当是客户从本配送中心发出的，但市场上同样的货物可能有很多。因此，配送中心应规定客户应当提供何种凭证来办理退货手续，并说明凭证得以有效使用的方法，以免在客户退货时配送中心难以判断是否是本企业所配送的货物，影响退货处理的时效。当然，配送中心也不能接收客户从别处采购的货物，以免造成经济损失。

5. 计价原则

许多货物的价格是不断变化的。客户订购时的价格与现在订购的价格可能存在很大差异，明确规定退货货物如何计价是减少与客户纠纷的重要措施之一。配送中心在退货政策中应将退货的作价方法进行说明。通常来说，为保护配送中心的经济利益，对退货的价款选取客户购进价与现行市场价的最低价进行结算。这种方法又可能会因损失了客户的自身利益而引起客户的不满。当客户订购时的价格与现在订购的价格存在很大差异时，双方应当本着维持伙伴关系、维护长远利益的角度协商解决。

7.1.5 退货作业的管理重点

配送中心的客户，基本上可以划分为三类：消费者、经销商和制造商，应当区别不同客户的具体情况，实施有效的退货管理。无论是何种客户，退货作业管理的重点主要放在以下三个方面。

1. 起点管理，源头控制

所谓起点，即客户订购环节。起点管理，源头控制，就是从客户订购环节开始实施管理，力争使客户订货的品种、数量、时间等都较为适合，这是减少退货的重要基础。

提高客户订购的积极性，减少客户的退货，主要包含以下内容：

首先，必须保证信息对称。这又分为两个层面，一是配送中心必须保证所有客户在购买商品之前就理解配送中心所制定实施的退货政策，包括何种商品、何种方式、何时能实现退货，从源头上降低退货量，维护商家信誉；二是必须为客户提供完整、有效、详细和准确的有关商品信息，客户了解的信息越准确、全面，订购决策失误的可能性越低，退货的频率、数量就会大大减少。

其次，要尽可能保证客户权益。这些政策包括：允许客户及时取消订单，这特别是针对普通消费者。一般来说，制造商、经销商的订购行为大多数是比较理性的，而普通消费者经常会受到偶然因素的刺激，产生了订购冲动，导致订购后又不满意、需要退货的情况；及时和准确的配送服务，主要是避免因为货物的配送不及时和配送错误，包括超过客户所要求的配送时间、货物的种类、数量、规格等错误等导致的退货。

最后，要尽可能加强对配送工作人员的教育和管理，提高配送工作人员的责任心，不断提高配送服务的质量，减少配送过程中所造成的货物包装破损、货物损坏等情况的发生，减少因配送中心自身原因而造成的退货。其中又以减少客户订购决策失误和制定良好可行的退货政策为重点。

客户采购失误，主要在采购货物的种类和数量上产生失误，其主要原因在于市场预测不准，造成所采购货物的品种不对而造成销售不畅，形成积压。市场预测不准还会造成订购货物的数量过大，难以及时销售出去而形成积压。货物较长时间、大量的积压，占用客户的储存空间，产生储存费用，挤占客户资金，这必然会使客户产生退货要求。为此，帮助客户比较准确地预测需求的内容、数量，是减少客户退货的有效手段。进行市场预测的内容主要有两个方面：一是预测满足消费者需求的货物是什么(货物的种类)，消费者需要的货物是什么样子的(货物的格式、规格、特征等)，从而帮助客户订购适销对路的货物；二是预测消费者需求量到底有多大，从而帮助客户确定订购货物的比较合理数量。

良好的退货政策不是盲目地压低退货，而是让客户明确退货的条件和代价，从而主动地减少退货。良好的退货政策应当包括以下几个方面的内容：

(1) 退货比例的时间限制。针对客户进货后在不同时间段的退换货行为，按照时间段进行区别对待。通常在合理市场推广期内，不允许退货。随着订购时间的延长，适当提高允许退货的比例。但超过一定期限如临近货物的保质期、保存期以及合作合同结束期时，降低允许退货的比例，防止客户恶意订购或者大量产品超过保存期、保质期而给配送中心造成较大的损失。

(2) 退货品种的限制。客户订购货物种类较多时，退货政策还应当针对特定单品，根据产品市场寿命周期、产品市场销售状况等因素制定不同的退货比例或限制。对某些特定货物如促销期的特价产品、赠品等，明确规定如没有质量问题则不允许退换。

(3) 退货数量的限制或退货时库存量的限制。客户必须保证在退货时，客户的每一种货物都有一定的安全库存，在此存量范围内不退货，从而限制客户退货的数量。

(4) 退货损失的分担。在制定退货政策时一定要兼顾配送中心和客户双方的利益和责任，配送中心不能凭借自己的优势地位，一味地采用霸王条约可能会使客户敢怒不敢言，但也不能一味牺牲配送中心利益迁就客户，只有站在共同的利益上才有可能真正解决问题。退货所造成的价格变动损失、增加的退货处理费用以及其他损失，应当在双方之间合理分配，共同分担。分担的比例可考虑客户的重要性、忠诚度等因素，客户越重要、忠诚度越高，其分担的损失比例也就越低。

2．加强流程管理，提高退货作业效率

针对退货的流程加强管理，目的在于缩短退货作业的时间，从而尽可能地节约退货作业对人员、场地、设备和时间的占用，降低退货作业的费用支出，这不仅可以减少货物损失和向供应商退货所承担的损失，还可以增加退货中合格品的再次被客户订购的机会。加强流程管理主要体现在退货作业的标准化和自动化层面。管理学认为，标准化是提高效率的有效手段。对于退货作业，配送中心必须要制定详尽的可操作标准，还要注意这些标准必须渗透到退货流程中的各个环节，这样可以减少退货作业的相关人员在面临复杂决策时的时间成本，同时也增加了处理人员退货作业的权力，培养了能力。所谓的自动化是指尽量提高退货作业的自动化程度。比如在传统的退货管理中，配送中心在遇到客户要求退货时，通常要求客户填写纸质的退货申请表单，然后人工审核、人工传递，不仅占用时间较多，而且容易出现差错。现在可以改成利用网络，采取电子化方式的退货解决方案处理。

电子化方式退货解决方案实际是一种自动处理产品退货的方案，是将配送中心的订单处理系统(订购系统)、后端存货数据库与客户的实际应用系统集成起来加快退货的处理，以减少退货的时间、费用，提高退货的效率。

电子退货解决方案大致有以下基本内容：

(1) 客户要求退换货物。首先要简要说明客户要求退换的货物情况，包括退货货物的名称、规格、数量、质量状况、包装情况，要求退货的具体原因、退货方式(退款方式或是调换方式)。如果选择调换方式，那么还要求说明要调换的货物的具体情况。系统自动生成退货申请表，传到配送中心相关部门。经配送中心确认后，配送中心相关部门和客户都可以得到一个退货清单和一个退货标签。退货清单中不仅填列出客户所要求退货的具体情况，还应填列出退货接收的时间、接待人员、接收地点甚至接送货物的车辆。退货标签可以方便顾客对所退货物的整理，让顾客免去茫无头绪等待处理的烦恼。

(2) 接收退货的人员，在收到退货时可以扫描退货标签，通过扫描可得到退货信息，判断退货是否符合事先的约定，能否接收退货。确定退货的同时，这些信息立刻被传送到相关部门和人员处，让他们作好下一步处理的准备工作。

(3) 当退货运达配送中心时，下一步的工作是由相关部门清点货物数量，检验货物的质量，并根据货物的质量情况分别进行处理：或者是退给供应商，或者是作为废弃物，或者是入库准备重新销售。

(4) 接收的退货检查正确后，配送中心就可以减少客户的应收账款，或者将应退给客户的款项转入客户账户，或按客户要求更换新的货物。

可以看到电子退货方案比传统退货方案具有明显的优势：一方面，它可以大大提高各环节处理的时间，缩短退货的周期，有利于配送中心库存管理；另一方面，它简化了客户退货的程序，减少了客户的工作量，消除了客户因退货而带来的烦恼。

3．注重退货后续管理，做好退货分析，为减少退货提供努力的方向

具体的退货成功处理以后，并不意味着退货管理的结束，配送中心在退货管理中应该渗透可持续发展的思想。因为退货管理的目的不是为了简单成功处理退货，而是为了避免同类退货的再次发生，从根本上减少退货。因此，配送中心不仅要有详细的退货管理记录，还要组织人员或者指定专门人员对退货数据进行统计分析。统计分析包括横向比较和纵向比较两个方面：横向比较是在不同类型的客户、相同类型的不同客户之间进行比较；纵向比较是针对各客户退货的历史记录进行分析。统计分析的目的在于发现退货的一般规律和问题产生的根源，有效地预测退货的高发期，合理安排退货处理人员，方便客户退货。其更为重要的目的是寻找出不同客户产生退货的根源后，帮助、督促客户加以改进，以最大限度地减少退货现象的发生。

任务二　退货作业流程

为规范退货工作，配送中心要制定一套符合企业标准流程的退货作业流程，以保证退货业务的顺利进行和规范货物的退换工作。一般配送中心的退货作业流程大体上可以分为几个阶段，分别是接受退货阶段、重新入库阶段、储存阶段、退货后跟踪处理阶段等，如图 7-1 所示。

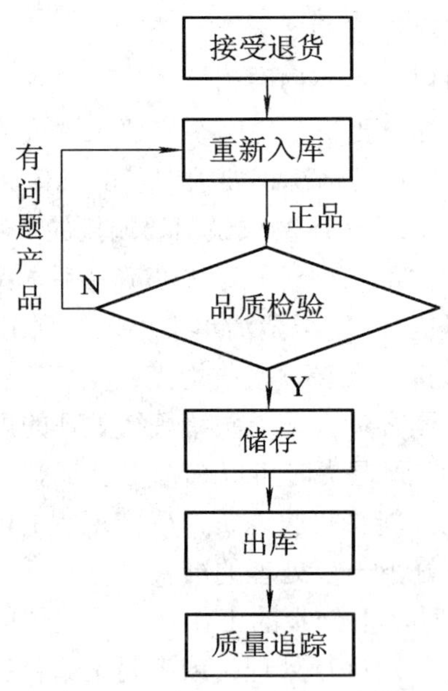

图 7-1　配送中心退货作业流程图

7.2.1　接受退货

1．客户提出退货申请

客户需要办理退货的，应当先提出退货申请并填写退货申请表。退货申请表如表 7-1 所示。配送中心有关部门将退货信息通知销售部门或者客户服务部门。

表 7-1 退 货 申 请 表

客户名称：							计划退货日期：				
退货原因代码：A. 过期问题　B. 质量问题　C. 新产品滞销 D. 管理不善　E. 其他原因											
申请内容							仓库验收回复				
品名&规格	单位	数量	单价	金额	原因代码	生产日期	数量	金额	原因代码	生产日期	备注(原因、状态)
合计							*合计*				
累计	原因 A　按　%计算						原因 A				
	原因 B　按　%计算						原因 B				
	原因 C　按　%计算						原因 C				
	原因 D　按　%计算						原因 D				
	原因 E　按　%计算						原因 E				
客户确认(签名&盖章)：											
因退货而产生的费用：							(如运费、货损等)负担意见：				
经理：							经办人：				
公司批准意见：				验收备注：							

注：客户退货时，必须凭我司书面批复的退货申请表及随承运单一起至工厂，否则有权拒收(要求申请数量及实际退货数量一致)。

退货地址：　　　　　　　收货人姓名：　　　　　　　收货人电话：

2．配送中心确认退货的原因

退货原因为配送中心自身的责任，应迅速答复同意退货，提醒客户整理好相关的退货资料；退货的责任在于客户的，应向客户说明退货的相关规定，同时劝说客户尽量不退货或者少退货。情况有二：

(1) 如果客户接受劝说，则请客户取消退货要求。

(2) 如果客户仍坚持退货，应以“降低公司损失至最小，且不损及客户关系”为原则加以处理。告知客户有关退货应当准备的相关资料，并主动协助客户办理退货手续。

接受客户退货申请后，配送中心应当及时签发退货装箱单，通知有关部门做好接收退货的准备工作。退货装箱单如表 7-2 所示。

表 7-2 退货装箱单　　NO：

网点名称		发出日期		承运单位及电话	
箱　　号	内装产品型号		数　　量		备　　注
总件数： 经办人签名：　　　　年　　月　　日					
经销商退货须知： 1. 经过审批的退货请保证内外标识相符、内包装完好；退货装箱后请编号(如 1#、2#箱)，有质量问题的在产品内包装上作好标识并注明“售后服务部”。收货凭证上填写“梦洁公司商务中心收”。 2. 退货发出后，请传真《装箱明细清单》给订单部，注明总件数。单据请保证与实物相符。					

7.2.2 重新入库

1. 退货验收

有关人员凭退货申请单及退货清单办理货物验收核对，发现与申请单、退货清单不符的货物应拒绝接收。

配送中心将客户退回的商品重新入库时，要通知有关管理部门按照新品入库验收标准对退回的商品进行新一轮的检查，以确认退回货品的品质状况。对符合标准的商品进行储存备用或分拣配送；对于客户退货的有问题商品，再清点数量与退货清单相符后，将其贴以“问题退货标签”标志后隔离存放。

(1) 数量清点。退货商品到达配送中心后，接货入库的验货人员首先要检查退货商品的数量。验货人员在清点退货商品数量时，首先要注意商品的计量单位和细数，正确统计退货商品数量。“细数”是指商品包装内部的数量。如 1 盒与 1 箱，虽只差一字，因 1 箱有若干盒，故实际数量相差多倍。其次要大体确定退货物品有无损伤，是否为商品的正常状态，若有异常，贴上标志，暂时隔离，等待进一步的品质清点。同时，配送中心在进行数量验收时，除了验收大件外，还需对散装、畸形零星等各种商品实施清点验收。

另外，进行退货商品数量验收时还要同步进行商品规格验收，即根据单据核对退回商品的品名、规格、数量。例如，对退回的洗衣粉核对品牌，同一品牌却不同规格的还要核对每小包的克数及包装区别。

(2) 品质清点。分清退回商品的品质并合理分配使用退回商品是配送中心处理销货退回的重要内容。对退货进行品质清点一般先由清点人员进行感官检查，认为有必要的再交质量部门检验。

清点人员在收货点验时，由于交货时间短和现场工作条件的限制，一般只能用“看”、“闻”、“听”、“摇”、“拍”、“摸”等感官检验方法，检验范围也只能是商品的包装外表。收货点验的方法主要有：

① 在验收流汁商品时，应检验外包装外表有无污渍，若有，必须开箱检查。

② 在检查含有玻璃成分的制品时，要件件摇动或倾倒听声音，若发现破碎声响，应当场开箱检查破碎细数和程度，以明确交接责任。

③ 在验收香水、花露水等商品时，除了听声响外，还要在箱口处闻一下，如果闻到香气严重刺鼻，可以判定内部商品必有异状。若开箱检查内部没有破碎，应注意检查瓶盖的密封状况。

④ 在验收针棉织品等怕湿商品时，要注意商品包装外表是否有水渍。

⑤ 在验收时，还要注意商品的出厂日期和有效期。

⑥ 检验商品的外包装时，要注意纸箱封条是否破裂、箱盖(底)板是否粘牢、纸箱内包装或商品是否外露、纸箱是否受过潮湿。

配送中心通常有专设的质量检验部门。在实验室里，质量检验是利用各种仪器、器具和试剂做手段，运用物理、化学及生物学的方法，对退回商品作进一步的品质检验。

① 物理检验，即利用各种量具、量仪、天平、称或专业仪器来测定商品的一些基本物理量。如长度、细度、面积、体积、厚度、重量、密度、容量、粒度及表面光洁度等。

② 力学检验，即通过各种力学仪器测定商品的机械性能。如商品的抗拉强度、抗压强度、抗冲击强度、抗疲劳性能、硬度、弹性、耐磨性等。

③ 光学检验，即利用显微镜、折光仪器等光学仪器进行商品光学性能的检验。

④ 电学检验，即利用电学仪器测定商品电学方面的质量特性及商品的材质、含水量。

⑤ 热学检验，即利用热学仪器检验商品的热学质量特性，包括熔点、凝固点、沸点、耐热性、导热性及稳定性。

⑥ 化学检验，即根据一定的、已知的、能定量完成的化学反应进行商品的重量分析、容量分析和气体分析。

⑦ 微生物检验，即采用微生物技术手段进行商品有害微生物的检验。

2．填写退货处理报告

填制退货处理报告时，不仅要如实记录退货的品种、数量、质量检查结果，还应在备注栏填写各批次号，便于企业财务人员核算退货价值。

7.2.3 储存保管

退回的货物经清点后，对符合标准的货物要入库进行储存保管。此时，配送中心要迅速调整库存量或者调整采购量。在正常情况下，配送中心通过相应的库存管理，可以科学合理地控制库存的订购点、订购量和库存基准。当发生退货问题时，配送中心的库存有时会超出货品库存数量和最高界限，若配送中心不及时调整库存安排，将会冲击购销计划，增加库存成本，降低企业效益。因此，货物退回后，配送中心要及时制作退货处理报告书，以作为货物入库和冲销销货额、应收账款的基础资料。财务人员据此报告书调整账面上的“应收账款余额”与“存货余额”；备货人员据此报告书，重新调整购货计划及定购量，或暂时少进，或差额补缺，以保证库存商品数量科学合理，既能满足客户需求，又能保持合理的库存。

7.2.4 退款计算

客户退货经过检验接收后，退货信息(退货商品的数量、销货时的商品单价及退货时的结算价格等)已传入企业的信息系统，配送中心的财务部门要及时对客户退回货物的货款进行计算，并依据退货清单办理退款业务或者抵扣应收账款。

7.2.5 追踪处理

退货的追踪处理包括对客户退货处理信息的反馈和退货原因分析。对于退货，客户常常出现抱怨。质量管理部门应追踪销货退回的处理情况及成效，并将追查结果予以记录，并及时通知客户。与此同时，质量管理部门应冷静地接受客户抱怨，并抓住抱怨的重点，分析事情发生的原因，找出解决方案。在问题解决后，还要对客户加强后续服务，使客户对企业拥有良好的印象。对退货原因应当分别进行分析，找出影响退货的主要因素。最后，相关部门还要对客户抱怨、退货原因以及销货退回处理状况进行储存，作为今后配送工作改善及查核的参考。

若有向供应商或者保险公司索赔事项，应立即办理。向供应商索赔，应当按合同约定办理；向保险公司索赔的依照保险理赔程序办理。索赔需要保留现场证据或拍照存证，在规定时间内通知供应商或保险公司，准备索赔文件和损失计算，并通知本企业法律顾问一起处理。

办理索赔时，注意掌握以下原则：

(1) 实事求是。按照发生的货物损失事故的实际情况，分析造成事故的原因，确定损失的程度或准确数量。对应该索赔的货物损失，必须坚持索赔。

(2) 有根有据。提出索赔，要进行深入细致的调查研究，掌握货物损失的有效证据，根据合同的规定，做到有根有据。这是货物损失处理时索赔的基础。

(3) 合情合理。如果造成货物损失的原因复杂、因素众多，根据造成损失的各种因素，合理地确定供应商或者保险公司应承担的责任。从有利案件的及时解决出发，必要时可做些让步，做到合情合理。

(4) 讲求实效。在货物损失索赔时要考虑实际效果。既要考虑配送中心的经济利益，也要考虑和对方的关系尤其是和供应商之间的长期合作的伙伴关系。既要考虑当前利益，也要考虑长远利益，力求做到既尽量挽回或减少配送中心的经济损失，又有利于发展和供应商、保险公司的关系。

另外，办理索赔时还必须提供全面、准确的索赔单证。这些单证包括：

(1) 索赔函。

(2) 索赔清单。根据货物损失的程度和造成损失的原因，计算受损各项货物的损失金额，编制索赔清单。

(3) 货物损失证明。该证明应当经确定货物损失的权威部门或者双方认可的第三方签字确认后有效。

(4) 商业发票。

(5) 需要的其他单证。

最后，办理索赔要严格履行程序，完善手续。当发生需要向保险公司或者供应商索赔货物损失事项时，一方面通知保险公司或供应商，另一方面注意保留现场证据或拍照存证。经相关部门、机构认定可以向保险公司或者供应商索赔的，提出索赔申请并提供有关单证，督促保险公司或者供应商及时赔付。

【小结】

退货作业是配送中心一项重要的作业活动，做好退货管理工作，对配送中心、客户和消费者都有十分重要的意义。每一个配送中心都要有一个组织科学、反应快捷、低成本、高效率的退货作业流程，明确参与退货作业各部门、各有关人员的职责，加强退货管理，制定合理的退货政策，采取多种手段减少退货。

【关键概念】

退货流程，退货政策，退货管理。

【练习思考】

1. 注重退货管理对配送中心有何意义？
2. 完善的退货政策主要包括哪些内容？
3. 举例分析配送中心的退货流程主要包括哪几个环节。
4. 退货管理工作的重点是什么？
5. 如何减少配送中心退货的损失？

实 训 实 践

走访当地2～3家配送中心，了解他们的退货工作流程、退货政策和退货面临的主要问题。结合书本理论知识上网浏览其他配送中心的退货工作状况，对他们的退货管理工作提出改进意见。

实践活动步骤建议：

1．组成调查小组。根据班级情况，每 4～6 人组成一个调查小组，设一名组长。

2．编制调查计划。组长负责调查工作的分工，带领组员讨论确定调查所要收集的资料。

3．开展实地调查。

4．完成调查报告。

结果考评：

被考评小组		考评组调查对象	
考评时间		考评地点	
考评内容	配送中心退货管理工作调查	标准分值	考评得分
考评标准	调查过程中是否遵守纪律，礼仪是否符合要求	20	
	调查工作过程中，资料收集是否全面、整理是否科学	30	
	调查报告结构是否合理、内容是否翔实	20	
	调查报告是否对配送中心有借鉴作用(实用性)	20	
	调查报告上交是否及时	10	
合计		100	

案 例 分 析

逆向物流反击战——飞利浦减少退货的策略解读

产品退货现象越来越严重，每年因退货直接造成的损失高达几千万美元！怎么办？

目前，家电公司的退货现象几乎成为家常便饭，尽管大部分的家电公司都把退货服务看成是推动新的销售渠道及销售额增长所必须付出的成本，但随着退货现象的增加，一个让人不能满意的数据——无缺陷退货率(No Defect Found)也逐渐变得很高。无缺陷退货率在家电产品中占到了 70%，PC 产品中占 85%，一些种类的小家电更是超过了 90%。飞利浦家电公司的情况就明显反映了这一点。作为一家非常有名的家电公司，其退货率甚至比行业平均退货率还要高。为了运输这些退回来的产品，飞利浦家电公司和其零售商都付出了巨大的成本，再加上由这些退货现象衍生出来的索赔、反索赔等问题，飞利浦公司每年都会因此造成几千万美元的损失。

为了处理退货问题，飞利浦公司的代理清算公司也费尽了周折，但成效不大。一方面这些代理清算公司本身存在着财务问题；另一方面这些公司在飞利浦家电公司的二级市场上所能追回的成本也很少。比如让那些清算公司代为销售的 DVD 产品，飞利浦 1 美元的损失也只能追回 20～30 美分。

这个问题将飞利浦公司逼到了火山口，怎么办？

➢ **追本溯源：从内部改革上做文章**

临危受命。为了控制退货这项主要的成本产生点，1998 年，飞利浦公司成立了专门的退货管理部门，并任命当时在产品推广部门工作的托尼为部门主管。这个决定是飞利浦服务公司的副总裁兼总经理凯恩·戈恩斯作出的，在当时曾引起了一些争议。因为大多数人认为，退货问题应该交给信用、财务部门或其他专业的服务公司来管理。凯恩力排众议，他认为，退货是市场销售的逆过程，而且经常是由不恰当的市场销售决策引起的。因此，退货管理部的主管头衔就落到了有着 10 多年市场销售经验的托尼的身上。在当时，这个任命作为一项管理创新，并不被看好。

飞利浦公司传统的做法是：为了应对因退货产生的运输量的增长，公司开始设计逆向物流的工作流程，以便更有效率地沿供应链逆向把这些退货送回去。托尼却认为，有效的逆向物流虽然有利于减少损失，但对减少公司在每一个退货流程操作点上所丢失的利润却毫无帮助。要减少因退货而产生的成本，退货管理部门必须在减少退货上做文章，在货物进入逆向物流供应链之前，就努力阻止退货现象的发生。

➢ **“大盘点”**

要真正认识有关退货的各种情况，不仅要知道处理了多少退货，而且还要清楚这些产品是为什么被退回的。那么，造成消费者退货、尤其是对无缺陷退货的原因是什么呢？经过托尼和他的管理人员对零售商和消费者的深入调查，以及对公司内部原因的仔细分析，他们发现了以下几方面的原因：

一是零售商无节制的退货政策。在调查中他们发现，零售商对三分之二的退货都进行了退款处理。这个数据对飞利浦公司来说尤其麻烦，因为大部分退货都被作为有缺陷产品而被退回到制造商处，由于退货量上升，运输成本也跟着上涨。其实，出现这个问题的主要原因是零售商没有使用修理商服务的意识；另外，零售商的销售人员没有受到很好的培训，不能让消费者很好地明白产品的性能和好处。还有，零售商制定的退货期限过长也是一个重要原因。

二是消费者的错误习惯。为了弄清楚消费者的退货心理，在 2001 年，飞利浦公司和一家全国性的大零售商合作，就那些超过退货预算的产品种类在这家零售商的顾客中进行了有奖问卷调查。令人感到惊讶的是，居然有超过 75%的顾客承认，他们知道其所退回的产品实际上是没有什么质量问题的。在美国，这种现象比在其他国家更加严重。产生这种现象的一个主要原因就是，在零售商这种非常开放、几乎是毫无节制的退货政策的怂恿下，人们逐渐养成了一种把货物“退回去”的习惯；并且大部分的消费者在没有购货发票时仍然得到退款处理的现象，也起到了推波助澜的作用。在销售现场传递的这种错误信息，助长了消费者肆无忌惮的退货风。

三是公司内部的问题。首先，飞利浦公司内部没有人员专门致力于退货的管理，也没有非常清楚的退货管理规定和程序，因此公司内部就养成了一种在任何时候都可以让任何人把任何产品退回来的习惯。产品销售人员从来就不清楚由退货所产生的成本有多少，甚至连公司本身也从来就没有对总的退货成本进行过集中的统计。另外，飞利浦公司从来就没有在公司内部跨部门之间或与零售商合作中推行过什么退货解决方案。

其次，由于各部门缺乏沟通与合作，公司缺乏一种通用退货衡量体系。不但美国和世界其他地区的退货衡量标准不一样，就连飞利浦公司内部的不同部门也使用不同的 IT 系统进行测算。公司各部门对按哪个时间段进行测量和如何对退货进行分类，不能达成一致的意见。

再次，产品的包装或者使用说明书也有问题。调查表明，飞利浦公司的产品包装上缺乏透明性，使用说明书不能很好地说明产品如何使用。消费者要在飞利浦公司新推出的一些数字产品上花费太多的时间去弄明白使用问题，比如家庭影院、卫星系统、数字摄像机，甚至还有缺天线插孔的 DVD 播放机。除了产品的复杂性和技术问题之外，一些产品的硬件制造商和其他的软件或服务提供商之间的配合也存在着问题，使得说明书使用起来非常困难。说明书的缺陷是造成有硬件、软件双重身份构成的数字网络产品退货率比其他产品高出 25%的主要原因，无缺陷退货率更是高出了 90%。

还有其他一些问题，比如公司对有些产品不能提供上门维修服务，或者是能够提供上门服务的独立服务提供商在逐渐减少等，都进一步加剧了退货现象的发生。

另外，调查显示，有 10%的退货实际上是商品在被偷走之后又被退回来，以换取现金。

➢ **合纵连横：把零售商、服务商拉进战团**

托尼和他的管理团队发现，要减少退货，必须提高公司内外的协调性，加强公司内部和外部的合作。最重要的是让公司高层也充分认识到：公司无法独自解决退货的问题，加强公司与零售商、服务商之间的协作非常有必要。

在高层领导的直接干预下，2001 年，飞利浦公司终于在公司内部建立了一个跨部门的退货管理协作团队和一些相应的退货衡量标准。这个协作团体决定，将有缺陷产品退货和其他原因的退货(比如承运商损坏、库存平衡失误以及订单失误等原因造成的退货)区别开来。

飞利浦公司现在的退货报告都是按照经销商、产品种类和型号分类做出的。为了使退货的各项数据显得更直观和立体一些，这些数据和总的销售额、退货趋向以及整个公司的销售率等数据都体现在一张图表中，这样就很容易看出任何一点退货率的变化。报告还包括退货率和减少退货的目标百分比，这些数据使得协作团队的工作目标和成效一目了然。

退货管理部门将这些退货信息向销售、服务、财务和产品部门以及高级管理层进行传达。这些信息按产品型号、部门和经销商分类列出，并同时提出相关的改进措施。为了保持退货报告的连续性，让公司中的任何人，不论在世界上的任何地方，只要能够接触到这些报告，就会看到同样的数据，飞利浦公司安装了 SAP 信息系统。这样连贯持续的退货管理报告，让一些主要部门的人员在收到这些报告的同时，也都接受了相应地减少退货的责任和目标。比如产品经理要注意自己负责产品的退货率，销售部门则会注意全部产品的退货率。另外，SAP 系统将退货报告细分到型号和经销商的层面，其嵌入式适应功能使得退货管理部门可以出具月度或具体日期的退货报告，这些报告出来之后就提供给财物和物流部门，以便他们做出销售预测和库存计划。

与此同时，飞利浦公司更加重视与零售商和服务商的紧密合作，共同减少退货现象发生。

➢ 让零售商看到好处

飞利浦公司采取措施提高产品服务。为了降低产品使用的复杂性，使产品更加容易使用，飞利浦公司采取了很多措施。

一是公司着手努力改善产品的售后服务，增加了网上的服务支持，并对电话咨询中心的服务进行了改进。比如常见问题解答(FAQ)、连线下载以及 DVD 或其他数字产品的免费升级等等。

二是在产品的包装盒内添加“阻止性”说明书。这些说明书都印有大大的“阻止”符号，引导消费者在把商品拿回到零售商店里之前，先和制造商联系。这些措施鼓励消费者通过直接接触制造商去解决产品问题。这对退货现象的减少起到很大的帮助。

三是使用 IEP。为了提高产品的易用性，2002 年，飞利浦公司加入了“易用圆桌协会”(EOU)。EOU 是一个计算机和消费类电子产品行业协会，旨在帮助消费者更好地使用高科技类产品。通过这个协会，飞利浦公司引进了一种叫做“初始体验预测表(IEP)”的目录工具。IEP 是新产品设计团队所使用的一种工具，其中涉及 25 个调查问题，可以帮助新产品设计人员预测消费者使用新产品的各种体验。通过这种工具的使用，飞利浦公司的新产品在研发阶段，就可以在设计新产品的操作、包装和使用说明时，充分考虑到末端消费者的需求。这个措施非常有利于提高飞利浦公司产品的易用性，从而减少了电话咨询中心的呼叫次数，提高消费者的满意度，继而减少了无缺陷产品的退货量。

这些措施带来的好处，也鼓励了零售商积极采用新的方法和技术防治退货，他们为减少退货和逆向物流的流量做出了一些调整。

一是强化退货规定的管理。在最近两年里，零售商们强化执行以前已经存在的一些规定，如 Best Buy 等。一些零售商现在都把有关的退货规定张贴在商场里非常明显的位置。这些规定都提出了“重新进货费用”的概念，实际上已经有零售商在开始收取这些费用了。Target 和 Kmart 等零售商也在强化实施“退货必须携带发票且必须在规定的退货期限内退货”的规定。为了解决退货问题，其他一些零售商还增加了新的举措，比如向顾客提供制造商和本地服务商的联系方法等，并且事先声明并非在各种情况下都接受退货。另外，随着电子类产品更新速度的加快，零售商们也意识到减少退货期限是其减少退货的一个重要措施。

二是改善销售系统。销售商改善销售系统的原因之一，是为了找出那些反复违反退货规定的人并对他们加以防范。这些新系统可以按顾客、信用卡号码甚至产品的序列号对商品进行跟踪，以便于零售商能够确保退回来的商品是顾客在自己的商场购买的，并对那些反复退货的人进行跟踪。此外，许多退货柜台的电脑也开始显示商品及其主要部件的照片，以方便店员对退货加以辨认。这些系统为零售商提供了强有力的证明材料，使得他们可以拒绝那些不合理的或具有欺骗性的退货。其中，SiRAS 系统就是应用比较成功的一个。

➢ 让服务商看到利润

在得到零售商支持的同时，飞利浦公司也把服务商“拉拢”进了阻击无缺陷产品退货的统一战线。对于服务商而言，这是一个“双赢”的格局。随着消费类电子产品升级换代不断加快，再加上这类产品的不易维修性，服务商也需要扩大自己的服务范围，以增加营业收入。

因此，服务商很乐意通过对服务网络进行改造，为飞利浦公司提供一些额外的服务，例如退货产品的试验，为零售商进行程序调试；和飞利浦公司及其零售商一道，为购买复杂电子产品的顾客提供安装服务，如家庭影院系统和大屏幕电视类产品；帮助飞利浦公司分析某件产品的质量问题，新产品进入市场遭遇失败的原因以及顾客在产品操作方面存在的问题等；帮助飞利浦公司实施“当日反馈制”，为购买高价产品的消费者及时提供上门服务，预防成本高昂的产品发生退货现象；在得到飞利浦公司的认可后，提供“以旧换新 + 保修”的服务模式；在有质量问题的产品实际被返回到飞利浦公司之前，替换的产品已经被运到了服务商那里。通过提供诸如此类的解决方案，服务商就可以变成帮制造商处理退货的“一站式商店”。并且通过这种服务网络的改造，服务商有能力在退货舞台上扮演一个巡视、废品回收和进行调解的中间商角色，以防止高科技产品沿供应链逆向回到飞利浦公司。

在过去五年中，所有这些减少退货策略的实施对飞利浦公司来说意义非常重大。在前两年的时间里(即 1999 到 2000 年)，飞利浦公司有了一个单独的退货管理部门，退货责任也由多个部门负责，但退货率还是高于消费类电子行业的平均水平；接下来的两年时间里(2001 到 2002 年)，飞利浦公司通过强化实施退货规定等措施，使退货率达到了行业平均水平；在 2003 年里，飞利浦公司又采取了几项退货管理措施，其退货率已经降到了消费类电子产品的行业标准以下。从 1998 年到现在，飞利浦公司平均每年减少的退货达 50 万件，价值超过 1 亿美元。

思 考 题

1. 为什么飞利浦公司要重视退货处理工作？
2. 飞利浦公司退货处理的流程是什么样的？
3. 飞利浦公司退货处理工作对我国的有关企业有何借鉴？

项目八　配送中心规划与设计

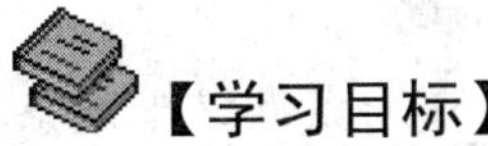

【学习目标】

1. 掌握配送中心选址的目标、原则、步骤及配送中心选址的方法
2. 理解配送中心的内部作业功能及其规划
3. 掌握配送中心总体规划设计的原则

随着市场竞争的不断加剧，配送中心作为可提高流通企业组织化程度、实现集约化经营、优化社会资源配置、创造规模效益、推动流通科技进步以及实现流通现代化的有效形式，已被企业和政府接受并积极推进。

任务一　配送中心选址

配送中心选址是指在一个具有若干供应点及若干需求点的经济区域内，选择一个地址设置物流配送中心的规划过程。

8.1.1　选址原则

配送中心的任务是向用户提供配送服务，其选址既要考虑到配送范围的大小、集货渠道的距离、实际交通状况，又要考虑时间、费用和经济效益等因素。配送中心选址过程应同时遵循以下四项原则：

1. 适应性原则

配送中心选址必须与国家以及省市的区域经济发展方针、政策相适应，与国家物流资源分布和需求分布相适应，与国民经济和社会发展相适应。

2. 协调性原则

配送中心选址应将国家的物流网络作为一个大系统来考虑，使配送中心的设施设备在地域分布、物流作业生产力、技术水平等方面互相协调。

3. 经济性原则

配送中心在发展过程当中，有关选址的费用，主要包括建设费用以及经营费用两个部分，配送中心的选址定在市区还是郊区，其未来物流辅助设施的建设规模以及建设费用、物流运输费用等是不同的。选址是应当以总的费用最低作为配送中心选址的经济性原则。

4. 战略性原则

配送中心选址应具有战略眼光，一是要考虑全局，二是要考虑长远；局部要服从全局，目前利益要服从长远利益；既要考虑目前的实际需要，又要考虑日后发展的可能。

8.1.2 选址影响因素

配送中心选址时应该考虑的影响因素有：客户分布、供应商分布、交通条件、土地条件、自然条件、人力资源条件、政策环境等几种。以下针对这几种要点加以说明。

1. 客户分布

配送中心选址首先要考虑的就是所服务客户的分布，对于零售商型配送中心，其主要客户是超市和零售店。这些客户大部分是分布在人口密集的地方或大城市，配送中心为了提高服务水准及降低配送成本，配送中心多建在城市边缘接近客户分布的地区。

2. 供应商分布

配送中心选址应该考虑的另一个影响因素是供应商的分布地区。因为物流的商品全部是由供应商所供应的，如果物流愈接近供应商，则其商品的安全库存可以控制在较低的水平。由于国内一般进货的输送成本是由供应商负担的，因此有时不重视此因素。

3. 交通条件

交通条件是影响物流的配送成本及效率的重要因素之一。交通运输的不便将直接影响车辆配送的进行，因此必须考虑对外交通的运输通路，以及未来交通与邻近地区的发展状况等因素。配送中心的地址宜紧临重要的运输线路，以方便配送运输作业的进行。考核交通方便程度的条件有：高速公路、国道、铁路、快速道路、港口、交通限制规定等。一般配送中心应尽量选择在交通方便的高速公路、国道及快速道路附近的地方，如果以铁路及轮船作为运输工具，则要考虑靠近火车站、港口等。

4. 土地条件

对于土地的使用，必须符合相关法规及城市规划的限制，尽量选在物流园区或经济开发区。建设用地的形状、长宽、面积与未来扩充的可能性，则与规划内容有密切的关系。因此，在选择地址时有必要参考规划方案中仓库的设计内容，在无法完全配合的情形下，必要时需修改规划方案的内容。

另外，还要考虑土地大小与地价。在考虑现有地价及未来增值状况下，配合未来可能扩充的需求程度，决定最合适的面积大小。

5. 自然条件

在物流用地的评估当中，自然条件也是必须考虑的。事先了解当地自然环境有助于降低建设的风险。例如在自然环境中有湿度、盐分、降雨量、台风、地震、河川等几种自然现象，有的地方靠近山边湿度比较高，有的地方湿度比较低，有的地方靠近海边盐分比较高，这些都会影响商品的储存品质，尤其是服饰产品或 3C 产品等对湿度及盐分都非常敏感。另外，降雨量、台风、地震等自然灾害，对于配送中心的影响也非常大，必须特别留意，避免被其侵害。

6. 人力资源条件

在仓储配送作业中，最主要的资源需求为人力资源。由于一般物流作业属于劳力密集的作业形态，在配送中心内部必须要有足够的作业人力，因此在决定配送中心位置时必须考虑劳工的来源、技术水准、工作习惯、工资水准等因素。

人力资源的评估条件有附近人口、上班交通状况、薪资水准等几项。如果物流的选址位置附近人口不多且交通又不方便时，则基层的作业人员不容易招募；如果附近地区的薪资水准太高，也会影响到基层的作业人员的招募。因此，必须调查该地区的人力、上班交通及薪资水准。

7. 政策环境

政策环境条件也是物流选址评估的重点之一，尤其是物流用地取得困难的现在。如果有政府政策的支持，则更有助于物流业者的发展。政策环境条件包括企业优惠措施(土地提供，减税)、城市规划(土地开发，道路建设计划)、地区产业政策等。最近在许多交通枢纽城市如深圳、武汉等地都在规划设置现代物流园区，其中除了提供物流用地外，也有关于税赋方面的减免，有助于降低物流业者的营运成本。

8.1.3 选址步骤

配送中心选址决策通常包括几个层次的筛选，是一个逐步缩小范围、逐步具体化的选择过程。

1. 选址约束条件分析

约束条件是指系统或系统环境中那些由于种种原因而不能改变的因素。从某种意义上来说，每增加一个约束条件都能使决策过程得以简化，因为它减少了需要进行分析的可供选择方案的数目。

配送中心选址决策常见的约束条件有以下六个：

(1) 资金。资金约束将会影响到区位因素，因为不同位置的土地价格差异非常大。

(2) 交通运输条件。由于只能选择能够到达用户的运输方式，所以选址决策必须在运输能力范围内进行。如对大多数用户而言，公路是唯一能到达的运输方式，则配送中心位置必须在公路交通枢纽或运输干线附近选择。

(3) 能源条件。供水、供电等能源系统是配送中心赖以运作的基础，选址时，能源条件将限制配送中心的选址范围。

(4) 政府对土地用途的规划。地方政府对使用不同区块的土地有着各种不同的限制，配送中心只允许建在政府指定的区域范围内。

(5) 经济政策。税收、关税等与配送中心选址决策直接相关，配送中心选址应寻求较宽松的环境。

(6) 竞争对手。竞争对手的分布将影响配送中心的选址，企业必须根据自身的产品或服务特征来决定配送中心是靠近竞争对手还是远离竞争对手。

此外，一些特殊商品的配送中心还受到湿度、温度、雨量等自然条件的约束。

2. 定性分析，筛选地址

对上述各约束条件进行充分的分析后，就可以对初始候选地址进行筛选，初步确定选址范围了。

3. 收集整理资料

确定配送中心的位置需要对影响其位置的相关因素进行定量、定性分析。为此，在确定配送中心位置前需要收集大量的相关数据、资料作为选址的依据。收集内容主要包括：客户分布、客户生产经营状况、产品特征、物流量、交通状况、运输费率、运输批量、土地价格、配送中心的建设成本、客户对运输的时效性要求等。

4. 定量分析

随着应用数学和计算机的普及，数学方法广泛地应用于解决设施选址问题。在具体的配送中心选址过程中，需要根据掌握情况、选址要求等，针对不同情况选用一个或多个具体模型进行定量分析。

5. 结果评价

结合市场适应性、购置土地的条件、服务质量等，对选址结果进行评价，确定其是否具有现实意义及可行性。

6. 确定选址结果

以定量分析结果为基础，通过定性分析求出合理(可行)解。但是，所得解不一定是最优解，可能只是符合条件的满意解。

8.1.4 选址方法

1. 定性分析法

定性分析法主要是根据选址影响因素和选址原则，依靠专家或管理人员丰富的经验、知识及其综合分析能力，确定配送中心的具体选址。其主要有优缺点比较法、德尔菲分析模型法两种。定性方法的优点是注重历史经验，简单易行；其缺点是容易犯经验主义和主观主义的错误，并且当可选地点较多时，不易做出理想的决策，导致决策的可靠性不高。

1) 优缺点比较法

优缺点比较法是一种最简单的设施选址定性分析方法，尤其适应于非经济因素的比较。该方法的具体做法是：罗列出各个方案的优缺点进行分析比较，并按最优、次优、一般、较差、极坏五个等级对各个方案的各个特点进行评分，对每个方案的各项得分加总，得分最多的方案为最优方案。

优缺点比较法的比较要素可以从以下方面考虑：

区域位置、面积及地形、地势与坡度、风向和日照、地质条件、土石方工程量、场址现在所有者情况、交通情况、与城市的距离、供电与排水、地震、防洪措施、经营条件、协作条件、建设速度等。

2) 德尔菲分析模型法

德尔菲分析模型法又称专家调查法，常用于预测工作，也可用于对设施选址进行定性分析。其具体实施步骤如下：

(1) 组成专家小组。按照设施选址所需要的知识范围确定专家，人数一般不超过 20 人。

(2) 向所有专家提出设施选址的相关问题及要求，附上各方案的背景材料，同时让专家提交所需材料清单。

(3) 各个专家根据他们所收到的材料，提出自己的意见。

(4) 将专家的意见汇总，进行对比，然后将结果反馈给各专家，专家根据反馈结果修改自己的意见和判断。这一过程可能要进行三到四次，直到每一个专家不再改变自己的意见为止。

(5) 对专家的意见进行综合处理，以确定选址方案。

2. 定量分析法

定量的方法主要包括因素评分法、重心法、运输规划法、双层规划法、混合 0-1 整数规划法、遗传算法等。定量方法选址的优点是可以求出比较准确可信的解。重心法是研究单个物流配送中心选址的常用方法，这种方法将物流系统中的资源点和需求点看成是分布在某一平面范围内的物流系统，各点的需求量和资源量分别看成是物体的重量，物体系统的重心作为物流网点的最佳设置点。

1) 因素评分法

因素评分法在常用的选址方法中也许是使用最广泛的一种。因为它以简单易懂的模式将各种不同因素综合起来，在允许的范围内给出一个分值；然后，将每一地点各因素的得分相加或加权相加，求出总分后加以比较；最后，以得分最高的备选地点为最终的方案。

使用因素评分法选址的主要步骤如下：

(1) 给出备选地点。

(2) 列出影响选址的各个因素。

(3) 给出每个因素的分值范围。

(4) 由专家对各个备选地点对应的各个因素进行评分。

(5) 将每一个备选地点各因素的得分相加，求出总分后加以比较，得分最高的地点中选。

假设各项影响因素为 X_1，X_2，…，X_n，对应的分值为 R_1，R_2，…，R_n，备选方案总分为 M，则因素评分法可以描述为

$$\max M = \sum_{i=1}^{n} X_i R_i$$

因素评分法简单易用，但其最大的缺点是没有将每个因素所关联的成本因素考虑在内。

例如，对某个因素来说，最优和最差的备选地点之间只有几百元的区别，而对另一个影响因素来说，最优和最差的备选地点之间可能就有几千元的差别；或者某一个因素可能分值最高，但对于选址决策帮助不大；而另一个因素分值不高，但是能反映各个地址的区别。为了解决这个问题，建议将每个因素的分值根据权重来确定；而权重则应根据成本的标准来确定，而不是根据成本值来确定。这样就把相关的成本因素考虑进来了。

2) 重心法

重心法是求解选址问题中最常用的一种方法，可解决连续区域直线距离的单点选址问题。重心法是将配送系统的资源点与需求点看成是分布在某一平面范围内的物体系统，各资源点与需求点的物流量可分别看成是物体的重量，物体系统的重心将作为配送中心的最佳位置。

如果以(x, y)表示配送中心的坐标，(x_i, y_i)表示各点的坐标，w_i表示配送中心到各点的运量，c_i表示配送中心到各点的运输费率，d_i表示配送中心到各点的距离，H表示配送中心到各点的总费用，则配送中心与各点之间的距离d_i可以由以下公式得出：

$$d_i = \sqrt{(x - x_i)^2 + (y - y_i)^2} \tag{8-1}$$

总费用H计算如下：

$$H = \sum_{i=1}^{n} d_i w_i c_i \tag{8-2}$$

欲求得使总费用H最小的(x_0, y_0)，则应分别对x_i和y_i求偏微分，并且令其值为零，这样就可以得到两个微分等式：

$$x_0 = \frac{\sum_{i=1}^{n} w_i c_i x_i / d_i}{\sum_{i=1}^{n} w_i c_i / d_i} \tag{8-3}$$

$$y_0 = \frac{\sum_{i=1}^{n} w_i c_i y_i / d_i}{\sum_{i=1}^{n} w_i c_i / d_i} \tag{8-4}$$

重心法可以通过迭代法来求解，具体步骤如下：

(1) 以系统重心坐标开始，先求出系统坐标$\left(x_0^0 = \frac{\sum_{i=1}^{n} w_i c_i x_i}{\sum_{i=1}^{n} w_i c_i}, y_0^0 = \frac{\sum_{i=1}^{n} w_i c_i y_i}{\sum_{i=1}^{n} w_i c_i} \right)$。

(2) 利用式(8-1)和式(8-2)计算与(x_0^0, y_0^0)相应的总费用 H^0。

(3) 将(x_0^0, y_0^0)分别代入式(8-3)和式(8-4)，计算改善后的地点(x_0^1, y_0^1)。

(4) 利用式(8-1)和式(8-2)计算相应的总费用 H^1。

(5) 比较 H^0 和 H^1。若 $H^0 < H^1$，则停止迭代，否则返回步骤(3)继续迭代，直到无法继续降低，则获得最优解(x_0^k, y_0^k)。

任务二 配送中心的功能规划

8.2.1 配送中心的作业功能

配送中心与传统的仓库和运输企业是不一样的。一般的仓库只重视商品的储存保管，传统的运输企业只是提供商品的运输和配送服务而已，而配送中心则重视商品流通的全方位功能，同时具有流通行销、仓储保管、分拣配送、流通加工及信息提供的功能。具体来说，配送中心具有以下几项内部作业功能。

1. 采购功能

配送中心只有采购到所要供应配送的商品，才能及时准确无误地为其用户即生产企业或商业企业供应物资。配送中心应根据市场的供求变化情况，制定并及时调整统一、周全的采购计划，并由专门的人员与部门组织实施。

2. 存储保管功能

存储，一是为了解决季节性货物生产计划与销售季节性的时间差问题；二是为了解决生产与消费之间的平衡问题。为保证正常配送的需要，满足用户的随机需求，配送中心不仅应保持一定量的商品储备，而且要做好存储商品保管保养工作，以保证储备商品的数量，确保其质量完好。

配送中心的服务对象是为数众多的生产企业和商业网点(比如连锁店和超级市场)，配送中心需要按照用户的要求及时将各种配装好的货物送交到用户手中，满足生产和消费需要。为了顺利有序地完成向用户配送商品的任务，而且能够更好地发挥保障生产和消费需要的作用，配送中心通常要兴建现代化的仓库，并配备一定数量的仓储设备，存储一定数量的商品。某些区域性的大型配送中心和开展“代理交货”配送业务的配送中心，不但要在配送货物的过程中存储货物，而且它所存储的货物数量更大，品种更多。由于配送中心所拥有的存储货物的能力，使得存储功能成为配送中心中仅次于组配功能和分拣功能的一个重要功能之一。

3. 组配功能

由于每个用户企业对商品的品种、规格、型号、数量、质量送达时间和地点等的要求不同，配送中心就必须按用户的要求对商品进行分拣和配组。配送中心的这一功能是其与传统的仓储企业的明显区别之一。这也是配送中心的最重要的特征之一，可以说，没有配组功能，就无所谓配送中心。

4．分拣功能

作为物流节点的配送中心，在其为数众多的客户中，彼此差别很大。不仅各自的性质不同，而且经营规模也大相径庭。因此，在订货或进货时，不同的用户对于货物的种类、规格、数量会提出不同的要求。针对这种情况，为了有效地进行配送，即为了同时向不同的用户配送多种货物，配送中心必须采取适当的方式对组织来的货物进行拣选，并且在此基础上按照配送计划分装和配装货物。这样看来，配送中心就又增加了分拣货物的功能，在商品流通实践中发挥分拣中心的作用。

5．分装功能

从配送中心的角度来看，它往往希望采用大批量的进货来降低进货价格和进货费用；但是用户企业为了降低库存、加快资金周转、减少资金占用，则往往要采用小批量进货的方法。为了满足用户的要求，即用户的小批量、多批次进货，配送中心就必须进行分装。

6．集散功能

配送中心凭借其特殊的地位以及拥有的各种先进的设施和设备能够将分散在各个生产企业的产品集中到一起，然后经过分拣、配装后向多家用户发运。集散功能也可以将其他公司的货物放入该配送中心来处理、发运，以提高车辆的满载率，降低费用成本。

7．流通加工功能

配送过程中，为解决生产中大批量、少规格与消费中的小批量、多样化之间的矛盾，配送中心会按照用户对货物的不同要求对商品进行分装、配装等加工活动，这也是配送中心的功能之一。

8．送货功能

将配装好的货物按到达地点或送货路线进行送货。配送中心可以租用社会运输车辆或使用自己的专业运输车队。

9．信息汇总及传递功能

信息汇总及传递为管理者提供更加准确、及时的配送信息，也是用户与配送中心联系的渠道。

10．服务功能

以顾客需要为导向，为满足顾客需要而开展配送服务。

每个配送中心一般都具有以上这些功能，根据其对某一功能的重视程度不同，决定着该配送中心的性质也不相同，而且它的选址、房室构造、规模和设施等也随之变化。

8.2.2 配送中心的作业区域

根据配送中心的功能，确认上述所需的作业区域后，便可考虑各区域的规划要点因素，据以完成配送中心内部主要作业区域功能的规划和设计。具体规划内容如表 8-1 所示。

表 8-1　配送中心主要作业区域功能规划分析

项次	作业区域	规　划　要　点
1	装卸货平台	□进出货口是否共享　□进出货口是否相邻 □装卸车辆进出频率　□装卸货车辆形式 □有无装卸货配套设施　□物品装载特性 □装卸货车辆回转空间　□每车装卸货所需时间 □供货厂商数量　□配送客户数量 □进货时段　□配送时段
2	接货区	□每日进货数量　□托盘使用规格 □容器流通程度　□进货点收的作业内容 □进货等待入库的时间
3	储存区	□最大库存量需求　□物品特性基本资料 □产品品项　□储区划分原则 □储位指派原则　□存货管理方法 □自动化程度需求　□产品使用期限 □储存环境需求　□盘点作业方式 □物品周转效率　□未来需求变动趋势
4	理货、备货区	□理货作业时间　□品检作业内容 □品检作业时间　□容器流通程度 □有无叠卸托盘配合设施
5	拣货区	□物品特性基本资料　□配送品项 □订单处理原则　□订单分割条件 □订单汇总条件　□客户订单数量资料 □订单捡取方式　□有无流通加工作业需求 □自动化程度需求　□每日拣出量 □未来变动趋势
6	分放、配装区	□出货等待时间　□出货品检作业时间 □每日出货量　□配送对象 □平均配送客户数量　□配送点形式
7	外运发货区	□出货频率　□客户配送资料 □每日拣出量　□平均配送客户数量 □配送点形式　□配送时段
8	流通加工区	□流通加工作业项目　□流通加工作业时间 □流通加工作业数量
9	管理指挥区	□组织架构与管理模式　□办公人员数量 □办公区域面积　□办公场所空间位置

任务三 配送中心的设备规划

配送中心的设备是保证配送中心正常运作的必要条件，配送中心的设备决策是配送中心规划的重要工作。据有关资料介绍，在制造企业的总成本中，用于物料搬运的费用占20%～50%，如果合理地进行设备规划，则可降低10%～30%的总成本。因此，合理规划配送中心设备，可有效地利用空间、设备、人员和能源，最大限度地减少物料搬运，简化作业流程，缩短生产周期，为员工提供方便、舒适、安全和卫生的工作环境。

8.3.1 配送中心设备规划的原则

(1) 配送中心设备规划涉及建筑模式、空间布局和设备安置等多方面问题，需要运用系统分析的方法求得整体优化，同时注意将定性分析与定量分析结合起来。

(2) 以流动的观点作为设备规划的出发点，并贯穿在设备规划的始终，因为企业的有效运行依赖于人流、物流、信息流的合理化。

(3) 减少或消除不必要的作业流程，这是提高企业生产效率和减少消耗的最有效的方法之一。只有在时间上缩短作业周期，空间上少占面积，物料上减少停留、搬运和库存，才能保证投入的资金最少、成本最低。

(4) 从宏观至微观，又从微观到宏观的过程。例如：布置设计要先进行总体布置，再进行详细布置；而详细布置方案又要反馈到总体布置方案中去评价，再加以修正，甚至从头做起。

(5) 重视人的因素。作业地点的设计，实际上是人机环境的综合设计。要考虑创造一个良好舒适的工作环境。

(6) 适度可行的原则。企业应根据自身的经济实力及具体情况，合理地购置配送中心的设施设备。在满足客户需求的前提下，适当采用机械化、自动化的设施设备，防止设施设备的过剩与闲置，贯彻“软件先行，硬件适度”的原则。

8.3.2 配送中心的主要设施

一个完整的配送中心包含的设施很多，按功能和所在区域不同，可分为物流作业区域设施、辅助作业区域设施和库房建筑外围设施三类。

1. 物流作业区域设施

配送中心内的主要作业活动基本上均与仓储、搬运、拣取等作业有关，因此，在进行系统规划的过程中，物流设施的规划与设计等程序是规划过程的重心。当规划不同形式、不同功能的配送中心时，库房布置与各区域面积需求将会不同，因此，必须根据实际需求决定适合的设施。物流作业区域的设施主要有储存保管场所、收货场所、分货场所、流通加工场所和配送场所等。

2．辅助作业区域设施

在配送中心的运营过程中，除了对主要的物流设备进行规划设计外，对其他各项配合的支持性设施，也需逐步进行分析规划及进一步的规划设计。虽然辅助作业区域设施的需求形式及功能与物流作业程序没有直接关联，但是，相关因素的决定仍需在物流作业区域规划完成后进行。通常，两个规划过程在规划阶段可并行操作，待物流作业区域设施规划完成后再就相关因素作适当调整。配送中心内主要的辅助作业区域设施包括办公场所、计算机控制场所和劳务设施等。

3．库房建筑外围设施

为配合配送中心的运作与使用，在配送中心库房布置规划时不仅要考虑库房建筑结构的主要形式，还需要考虑所需相关水电、动力、土木、空调与安全消防等库房建筑的外围设施等，因为部分与建筑有关的设施形式、跨距等因素均会影响后续规划的内容。另外，由于部分设施在主要物流作业区域与辅助作业区域完成基本规划后才设置，因此，在系统设计阶段，仅就实际具有作业空间区域的设施进行初步规划，并预估各区域所需的作业面积。

任务四 配送中心的内部布局

8.4.1 配送中心的宏观布局

配送中心的宏观布局是与配送中心的选址同时进行的另一项工作。配送中心的宏观布局一般情况下分为以下三种形式。

1．辐射型

配送中心位于众多用户之中，商品由配送中心向四周配送，形成辐射状，如图 8-1 所示。

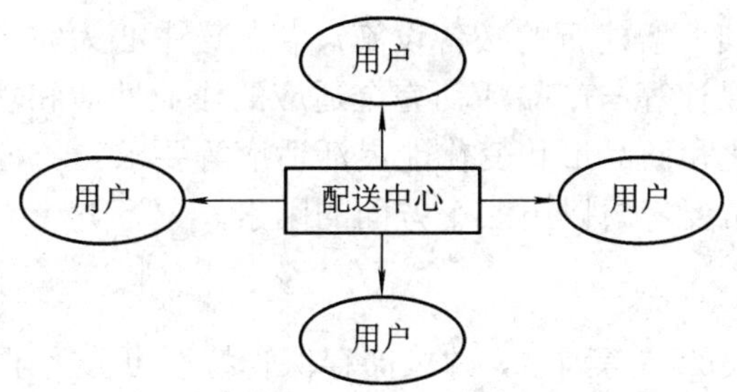

图 8-1 辐射型配送中心

以这种形式布局的配送中心要适应以下条件：

(1) 配送中心附近是用户相对集中的经济区域。

(2) 配送中心靠近主要运输干线，利用干线运输将货物运达配送中心，然后再配送到各个用户，要尽可能避免逆干线配送时产生不合理的对流运输。

2．扇形

商品从配送中心向一个方向配送，形成扇子形状的扇形配送中心，如图 8-2 所示。

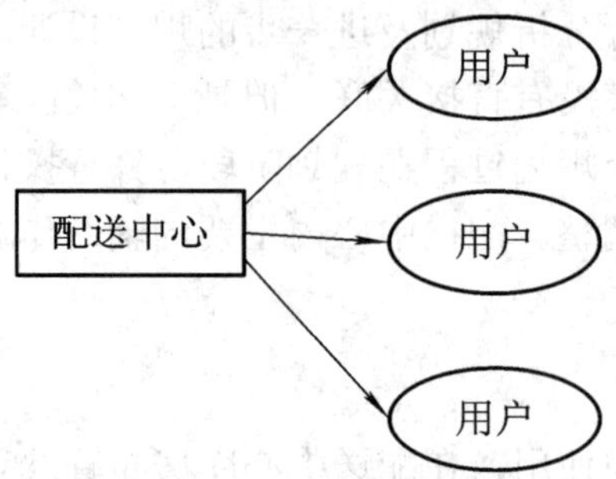

图 8-2　扇形配送中心

扇形配送中心的特点是：商品有一定的流向，配送中心位于主要运输干线的中途或终端，配送中心的商品配送方向与干线运输方向一致或在运输干线侧面。

3．双向辐射型

当用户集中在配送中心的两侧时，商品从配送中心向两个相反方向配送，形成双向辐射型，如图 8-3 所示。

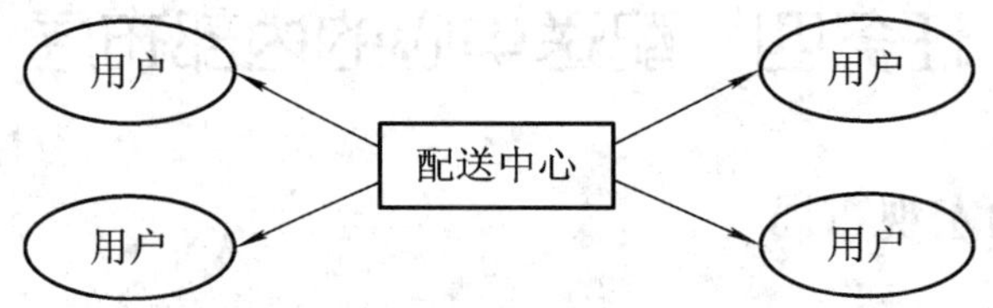

图 8-3　双向辐射型配送中心

8.4.2　配送中心的内部布局规划

配送中心的内部规划可以采取两种方案：若配送中心是由仓储企业改扩建而成的，中心内部可以在原有的基础上增建新的必备设施；若配送中心为完全新建，则要求该中心不仅要具备装卸、搬运、保管等与产品活动完全适应的作业性质和功能，还必须满足提高经济效益，对作业量的变化和商品形状变化能灵活适应等要求。

新建配送中心，通常要考虑以下三个方面的因素。

1．物品特性分析

物品特性是货物分类的参考因素，如按储存保管特性可分为干货区、冷冻区及冷藏区；按货物重量可分为重物区、轻物区；按货物价值可分为贵重物品区及一般物品区等。因此配送中心规划时首先要对货物进行物品特性分析，以划分不同的储存和作业区域。

2．储运单位分析

储运单位分析是考察配送中心各个主要作业(进货、拣货、出货)环节的基本储运单位。一般配送中心的储运单位包括 P(托盘)、C(箱子)、B(单品)，而不同的储运单位，其配备的储存和搬运设备也不同。因此，掌握物流过程中的单位转换相当重要，需要对这些包装单位(P、C、B)进行分析，即所谓的PCB分析。

如企业的订单资料中同时含有各类出货形态，包括订单中整箱与零散两种类型同时出货，以及订单中仅有整箱出货或仅有零星出货。为使仓储与拣货得到合理的规划，必须将订单资料按出货单位类型加以分析，以正确计算各区实际的需求。配送中心物流系统的储运单位组合形式如表8-2所示。

表8-2　配送中心包装单位分析

入库单位	储存单位	拣货单位
P	P	P
P	P、C	P、C
P	P、C、B	P、C、B
P、C	C	C
P、C	C、B	C、B
C、B	B	B

注：P—托盘；C—箱子；B—单品。

3．EIQ分析

EIQ分析理论由日本物流研究所铃木震先生提出并积极推广。铃木震在日本有着很大的影响力，作为一位知名的物流顾问，在研究了众多的物流实务案例的基础上，发展出了这样一套完整的分析管理工具。其中，E是指“Entry”，I是指“Item”，Q是指“Quantity”，既是从客户订单的品项、数量、订货次数等方面出发，进行配送特性和出货特性的分析。EIQ分析就是利用E、I、Q这三个物流关键因素来研究物流系统的特征，以进行基本的规划。EIO分析的分析项目主要有EN(每张订单的订货品项数量分析。注：N为日文Nnai意“种类”的首字母)、EQ(每张订单的订货数量分析)、IQ(每个单品的订货数量分析)、IK(每个单品的订货次数分析。注：K为日文Kasanatsut意“重复”的首字母)。EIQ分析是根据以上四个分析项目的结果进行综合考量，为配送中心提供规划依据。

(1) 订单量(EQ)分析，即单张订单出货数量的分析。EQ分析主要可了解单张订单订购量的分布情形，可用于决定订单处理的原则、拣货系统的规划，并将影响出货方式及出货区的规划。

(2) 订货品项数(EN)分析，即单张订单出货品项数的分析。EN分析主要了解订单订购品项数的分布，对于订单处理的原则及拣货系统规划有很大的影响，并将影响出货方式及出货区的规划。通常需配合总出货品项数、订单出货品项累计数及总品项数三项指标进行综合考虑。

(3) 品项数量(IQ)分析，即每单一品项出货数量的分析。IQ分析主要了解各类货品出货量的分布状况，分析货品的重要程度与运量规模。IQ分析可用于仓储系统的规划选用、储位空间的估算，并将影响拣货方式及拣货区的规划。

(4) 品项受订次数(IK)分析，即每单一品项出货次数的分析。IK分析主要分析各类货品出货次数的分布，对于了解货品类别的出货频率有很大的帮助，主要功能可配合IQ分析以决定仓储与拣货系统的选择。

4. 进行设施的关联性分析

进行配送中心规划时，设施的选用、布局及评价项目等总称为关联性分析。对于关联性分析不仅包括收货场所、验货场所、保管场所、流通加工场所及配送场所等配送中心内部设施，还包括办公室、土地利用情况及道路等辅助设施。这些设施中，关联性密切的设施应相互靠近配置。

进行关联性分析的顺序如下：

(1) 列举必要的设施，包括正门、办公室、绿化地、杂品仓库、退货处理场所、福利保健场所、配送中心的建筑物及其具体的各项内部设施。

(2) 编制关联性分析的相互关系表。即对上述各项设施进行靠近性分析，如表 8-3 所示。

表 8-3　业务活动相互关系

	验收场	分类场	流通加工场	保管场	特殊商品存放场	发送场	办公室
收货场	Aa	Aa	Ba	Ba	C	Ca	Ab
验收场		Ca	Ba	Ba	D	B	C
分类场			Ca	Ba	C	Ba	C
流通加工场				Ca	Bab	Aa	Cb
保管场					Ca	A	Cb
特殊商品存放场						C	Bb
发送场							Ab
办公室							

注：A、B、C、D 表示场所之间的接近程度，A 表示非常重要，B 表示重要，C 表示一般，D 表示不重要。a 表示对商品流程方便；b 表示对票据流程方便。

(3) 业务活动线路图。对于各相互关联的设施位置关系，根据前项评价，按照相互之间的关联性进行设计，如图 8-4 和图 8-5 所示。

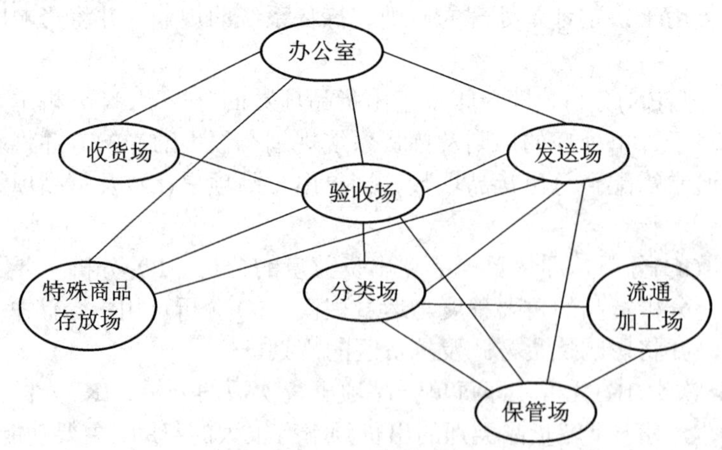

图 8-4　业务活动相互关系线路

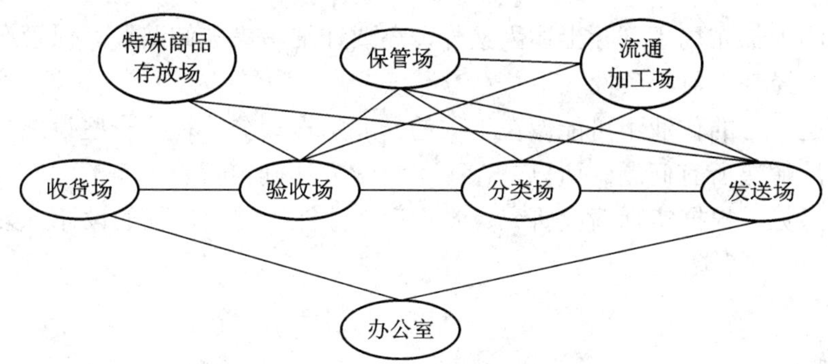

图 8-5　商品流程与设施配置相关的线路

5．设施面积的确定

对于配送中心设施面积的计算，一般是根据作业量的大小和经验性的数据来决定，用现有的配送中心单位面积作业量作为主要依据来设计。单位面积作业量的经验数据为：保管设施(库存剩余货物量)1 吨/平方米；处理货物的其他设施 0.2 吨/平方米。

一般而言，每日处理货物 50 吨的小规模配送中心，其面积及作业量的计算如表 8-4 所示。

表 8-4　配送中心各设施的面积

设 施 名 称	每日作业量(吨)	单位面积作业量(吨/平方米)	设施面积(平方米)
收货场所	25	0.2	125
验收场所	25	收货兼验收	
分类场所	15	0.2	75
保管场所	35	1.0	35
流通加工场所	2.5	0.2	12.5
特殊商品存放场所	2.5	0.2	125
配送场所	25	0.2	1
办公室			30
合计			415

注：作业量：入库量 25 吨，出库量 25 吨，保管时间 7 天(5 吨)。

按照上述方法计算出各项设施的面积，再结合它们之间的相互位置，即可制定出配送中心内部布局方案图，如图 8-6 所示。

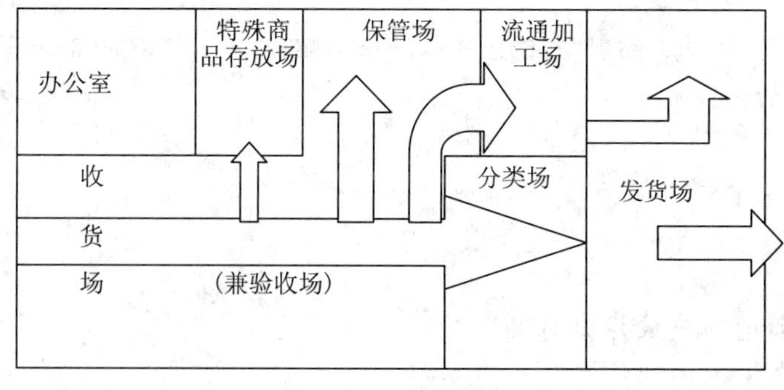

图 8-6　配送中心内部布局示例

配送中心的内部布局规划除上述因素外，还要详细考虑装卸路线、保管场所、剩余面积、人员配置、经济效益等条件。

另外，配送中心的作业不可能像在工厂的作业那样划分，往往一些设施是兼用的，只用理论方法无法解决所有问题。所以，在采用科学方法确定规划方案的同时，还要听取现场工作人员的意见，根据实际情况研究、修正后，才能确定出最优的设计方案。

【小结】

配送中心的规划是配送中心建设的关键环节。本章介绍了配送中心选址的基本规划思路，并介绍了选址的几个常用方法。另外，还介绍了配送中心的功能规划、设备规划和内部布局规划，并重点介绍了 EIQ 分析方法在配送中心规划中的应用。

配送中心选址的正确与否，对企业的未来发展起着至关重要的作用。因此，企业必须进行选址的可行性研究，慎重地分析各项参考因素，明确目标，做出一个最优的规划方案。

首先，企业在选址时要满足客户的需求，坚持全力为客户服务的指导方针，为了提高配送效率，降低配送成本，配送中心一般建在城市的郊区；

其次，交通的便利性是企业考虑的另一重要因素，交通不便会直接造成货物不能按时送达客户，从而影响配送的效率，而且加大了配送成本；

再次，企业必须考虑土地的价格和大小，配送中心的建设投资十分巨大，而且用地量大，因此必须考虑土地地价对企业的承受力，随着企业的规模不断扩大，还要考虑到满足日后的扩充需求，从而选择最合适的需求面积；

最后，还要考虑供货商的分布情况，配送中心的商品虽然全部由供货商来负责提供，但是如果配送中心的选址与供货商相距太远，无形中会增加供应商的供货成本以及供货时间。

因此，要考虑到供货商的负担，在选址上尽量接近供货商，考虑到他们的利益，从而达到双赢。

【关键概念】

因素评分法，重心法，辐射型配送中心，扇形配送中心，双向辐射型配送中心，储运单位分析，EIQ 分析。

【练习思考】

1. 配送中心选址的决策步骤有哪些？
2. 配送中心常见的内部作业功能有哪些？
3. 配送中心的内部主要设施有哪些？在进行设施规划时应考虑的因素有哪些？

4. EIQ分析法的主要作用有哪些?

实训实践

某物流企业配送中心选址问题研究

1. 描述企业概况

(1) 了解物流企业所处领域、业务功能和区位等方面优势。

(2) 了解物流企业定位与发展规划。

(3) 对物流企业的客户分布、供应商分布及选址的其他相关因素进行调查和分析。

2. 实训内容

根据配送中心选址的理论知识，结合企业的发展规划和实际情况，在教师和企业人员指导下分组制定配送中心选址方案。

(1) 调查物流企业的基本情况。

(2) 对物流企业配送中心选址的影响因素进行分析。

(3) 运用所学方法计算物流企业配送中心位置选择。

(4) 结合实际情况对所选方案给予评价。

3. 实训要求

根据具体情况选择物流企业，在调查、分析的基础上给出该物流企业配送中心的网络布局及选址方案，限期一周。

案例分析

乐百氏集团的配送中心

拥有食品饮料行业驰名品牌的乐百氏集团当然也认识到：现代配送网络体系的建立，是乐百氏集团继续取得成功必须采取的举措。乐百氏集团在经历了产品的竞争、质量的竞争和品牌的竞争后，已经开始进入了销售和配送网络的竞争。

一个完整的配送网络体系是以各个配送中心为基础建立起来的。1999年底，乐百氏集团首次提出了建设配送中心的设想，为支持2000年强力推行以深度分销为核心的市场网络建设，可以考虑建立配送中心，让产品更快地到达经销商、分销商甚至零售商手上。

这个设想一经提出，接下来的初步规划工作立即开展起来。首先，为了使得配送中心的建立工作在组织上有一个成功的保证，乐百氏集团专门组成了配送中心项目工作小组，并分别设立销售部、储运科、销售计划科、市场财务部、信息技术中心和工厂管理科等相关部门，对各部门的职责加以明晰，其中，销售部负责全国配送中心建设的领导工作，储运科全权负责整个建设过程的跟踪、指导、协调及配送中心的管理。其次，在配送中心的设立上，集团准备采取两级配送中心的方式，即在全国范围内建设的十多个配送中心中包括一级配送中心和二级配送中心，一级配送中心辐射周边数省，二级配送中心主要服务本省，二者互为补充，覆盖全国市场。最后，在配送中心的建立方式上，乐百氏集团采取了因地制宜的原则。配送中心的建立有自建和由专业物流公司代理两种方式，这两种方式各有利弊，不同的方式针对不同的环境，乐百氏集团决定根据各地实际情况分别采用。

2000 年 1 月初，乐百氏集团开始了其第一个配送中心试点——武汉试点的工作。武汉配送中心依托武汉分厂，在分厂储运部和成品仓的基础上建成。由于武汉分厂只生产水系列产品，因此储运科在武汉火车站附近设立了隶属配送中心的武汉市内仓库，作为从别的工厂调入的其系列产品的寄售库，以方便对武汉市区的产品配送。配送中心的软件建设，即信息系统的建设，则由储运科与生产部的工厂管理科及行政总部的信息技术中心共同派员到现场进行配送中心 SAP 系统的建设。4 月份，武汉配送中心完成了系统配置、客户数据、成品数据、交易数据、报表开发到人员培训、编写操作指南等大量工作，到月底配送中心正式运行。同年 3 月，第二个配送中心——广东中山配送中心也跟着武汉配送中心的步伐开始了试点运行工作。接着，8 月份，在武汉、中山两个配送中心的运作渐入佳境之后，乐百氏迈出了华东配送中心的建设步伐。华东配送中心下辖无锡、松江两个配送仓库，依托无锡分厂和上海松江分厂而建，经过三个多月的磨合，于 11 月 22 日正式投入运作。11 月，乐百氏集团又马不停蹄地启动了华北、西北配送中心的建设，前者已于 12 月 23 日正式运行，后者虽然由于区域大、送货批量小而分散，筹建难度更大，由于有前期的基础亦已于 2001 年 1 月投入运营。

在这几个配送中心中，华北配送中心是比较具有特色的一个，因为公司在该配送中心的建立中采用了与专业物流公司合作的方式。华北配送中心由两部分组成，一部分依托丰润分厂而建，以分厂储运部为基础，进行了适当的人员及业务调整；另一部分设在北京，与一家专业物流公司合作建立。这是公司首次与专业物流公司合作建立配送中心。在这次合作中，储运科采用了将仓储与承运业务分开操作的方法，与物流公司共同物色仓库并签订原价转储合同，在仓储方面未给物流公司留下利润空间，为乐百氏节约了物流费用。承运方面，乐百氏看中的是物流公司掌控的运输联合体(会员制车队)所能提供的较高水准的服务，物流公司则希望借助乐百氏的销售网络拓展其业务。这次合作的最大益处就是为乐百氏配送中心的管理向专业物流公司靠拢提供了很好的学习与借鉴的机会。

至此，经过一年的配送中心建设，乐百氏集团的全国配送网络工程已现雏形。该网络体系虽然刚刚起步，但进展很快，武汉、中山、华东、华北、西北的五大配送中心已承担了公司约 80%的货物的发送，配送网络覆盖区域达 20 多个省市。目前，配送中心所辐射区域的分公司仓库均已撤销，客户全部实现了直运直汇，物流资源得到有效整合，运费及运货损失得到有效控制。据统计，2000 年乐百氏集团的物流费用在铁路运费取消 20%的下浮优惠、公路限载、油价上升的情况下仍得到有效的控制。

乐百氏集团之所以能够取得这样的成绩，和其对配送中心的准确定位是密切相关的。乐百氏将配送中心的建设看做配合深度分销、提升核心竞争力而进行的重点工程，在建立之初，乐百氏对配送中心的建设提出了两个要求：一是要面向市场，把服务放在第一位，让客户和分公司满意；二是要控制好费用，努力降低物流成本。这两个要求明确了乐百氏集团配送中心的定位，同时为各个配送中心的建立和运作提出发展的目标，使得各配送中心都朝着这个方向进行着不懈的努力。

对于已经投放运作的配送中心，乐百氏集团也始终没有忘记强化管理这个核心问题。在内部管理和配送功能上，集团从高标准、规范性、可操作性、可检验性和服务意识等方面提高和完善配送中心的内部管理；同时，集团还计划在实际运作中摸索出一套适合配送中心特点的目标管理模式，建设一支高素质的专业队伍，建立一套培训制度，加强对员工业务技能和服务意识的培训、对供应商的培训、对经销客户的培训等。此外，储运科也计划开展一场科室架构的改革，准备在经理下面建起运营、资讯和项目主管三个管理系统，以加强对全国配送网络建设的指导和对各配送中心的管理。

在集团配送网络已初具规模的基础上，乐百氏集团决定向纵深发展，提出了在西南、东北等所有有外设厂的地方都建起配送中心，在特别需要配送中心支持的地区建设二级配送中心的计划，并且筹划将华北、东北、华东、中南、华南、西南和西北七大配送中心建立起来，形成一张覆盖全国大部分地区的配送网络。在配送方式上，集团又提出了使用直销配送的手段，并计划选择部分配送中心所在城市进行直销配送试点。直销配送是产品配送的高级形式，不仅涉及物流，还涉及当今飞速发展的电子商务等，这对于乐百氏集团来说也是一次业务上的创新。

把握时机，准确定位，建立详尽的初步规划；因地制宜，强化管理，制定完整的运作方案，明晰未来的发展方向，这是乐百氏集团物流配送体系成功的关键，也是乐百氏留给我们的宝贵的经验。

《中国物流与采购》2002 年第 14 期

思　考　题

乐百氏集团在选址操作上有哪些经验可以借鉴？

参考文献

[1] 卜苏华，任平国. 仓储与配送管理. 北京：化学工业出版社，2011.
[2] 宋文官. 仓储与配送管理实务. 北京：高等教育出版社，2010.
[3] 何庆斌. 仓储与配送管理. 上海：复旦大学出版社，2011.
[4] 姚城. 物流配送中心规划与运作管理. 广州：广东经济出版社，2011.
[5] 张芮. 配送中心运营管理. 北京：中国财富出版社，2011.
[6] 郑玲. 配送中心管理与运作. 北京：机械工业出版社，2004.
[7] 孙健. 配送中心运作管理. 广州：广东高等教育出版社，2008.
[8] 张开涛，眭素芳. 配送中心运营与管理. 武汉：华中科技大学出版社，2010.
[9] 胥洪娥. 配送中心运营与管理. 天津：天津大学出版社，2009.
[10] 朱占峰. 配送中心管理实务. 武汉：武汉理工大学出版社，2008.
[11] 李玉民. 配送中心运营管理. 北京：电子工业出版社，2007.
[12] 黄远新. 物流运输管理. 成都：四川大学出版社，2006.
[13] 奉毅. 物流运输管理实务. 成都：西南交通大学出版社，2007.
[14] 刘来平. 物流运输管理实务. 北京：化学工业出版社，2007.
[15] 李佑珍，颜文华. 运输管理实务. 北京：北京师范大学出版社，2011.
[16] 钱廷仙. 现代物流管理. 北京：高等教育出版社，2009.
[17] 黄中鼎. 现代物流管理. 上海：上海财经大学出版社，2009.
[18] 毛禹忠. 物流加工与包装. 杭州：浙江大学出版社，2011.
[19] 谭利其. 配送与流通加工作业实务. 北京：科学出版社，2011.
[20] 黄祖庆. 逆向物流管理. 杭州：浙江大学出版社，2010.